奴隸哲學家的
人生通識課

奴隷の哲学者エピクテトス 人生の授業
この生きづらい世の中で「よく生きる」ために

在處處受限的人生裡，
活出自己的形狀

荻野弘之
林俞萱——譯

序章

時間是羅馬帝國時期——
我是尼烏斯，是塞克斯圖斯的一名家庭奴隸。
那邊那個！給我好好擦乾淨！
主人說今天有重要的客人要來，
要擦到能夠當鏡子用的程度！
是、是的！
跟鄉下農村奴隸比起來，我們都市的家庭奴隸待遇還算好的，
喂！不准休息，好好工作！
嚴苛的待遇
但依舊是奴隸階級……
貴族
平民
奴隸

每天要都要戰戰兢兢看主人臉色……
哼
再怎麼努力工作也只能拿到微薄的薪水……
噹啷
唉～好想早點擺脫這種生活！
不過如果其實像這樣忠誠地侍奉主人，總有一天會被解放……
解放後獲得自由之身！！
跟這種生活說再見啦～
但是，我沒有才能……
經商
工匠
啊！
我的人生結束了……

喂，尼烏斯！
澤尼姆斯
剛剛我跟主人去浴場，
回程途中在奴隸市場買了一個跛腳的老爺爺，
而且這個老爺爺也很可憐……
根據澤尼姆斯的說法，
那位老爺爺好像原本要被解放了，
但原主人生活很窮困，
因此他又再次被賣到奴隸市場。
原本的主人（平民）
腳不好也很難使喚
乾脆解放好了！
房租又漲價了！
真讓人困擾
不如把那傢伙賣掉換錢吧！
那位老爺爺的人生也結束了呢。
喂！那邊的傢伙！
擦完了以後帶新人去認識各個房間！
是、是的！

澤尼姆斯所説的可憐的老爺爺，就是這位嗎……？
我叫尼烏斯，老爺爺呢？
我是愛比克泰德。
那我叫你愛比先生好了，請多指教！
唉~愛比先生實在也很辛苦呢。
你應該很恨神吧。
嗯？
老夫為什麼要恨神呢？
嗯……其實，我剛剛聽說了愛比先生的事……

你是說我又被賣掉的事嗎？
啊 是的
你說你叫尼烏斯吧。
為什麼你認為我會因為這個原因而恨神呢？
因為一般來說……
這樣啊……
看來你沒有做「區分」。
區分？區分什麼東西？
簡單來說，
就是區分能靠自己力量左右的「我們所能掌控的事物」，以及「我們不能掌控的事物」。
喔……
老夫問你，
我又被賣掉而無法得到自由，
你覺得我有辦法左右這件事嗎？
不……我覺得不行。
對吧！

對於自己能夠左右的事，
我會全力以赴，
但無法左右的事
就會放手。
放手？
人本來就很容易受到
自己無法左右的事
束縛、苦惱，
你應該也是這樣吧？
那邊的兩人！
不要在那裡閒聊！
這裡是臥躺餐廳
（triclinium），
用來舉辦宴會
的地方。
我以為，
我的人生
已經
結束了……
直到遇見了愛比
先生……

前言

愛比克泰德（Epictetus）是羅馬時代斯多葛學派（Stoicism）的代表性哲學家。

他身處的年代為西元一世紀後半～西元二世紀前半，從皇帝尼祿（Nero）到哈德良（Hadrian）的羅馬帝國初期。此時的羅馬帝國達到最大版圖，是前所未有的繁榮時代。

但實際上，斯多葛學派的源頭要再往前推四百年，回溯至西元前三世紀初的希臘。因開山祖師芝諾（Zeno of stoic）與其門徒於雅典市中心繪滿色彩的柱廊（Stoa Poikile）開課而得名。由於沒有專屬的學校及校舍，以現代來說算是「哲學咖啡館」。

希臘化哲學以綜合了邏輯、物理學與倫理學的哲學體系而著稱，其中，斯多葛哲學為其主流，但進入西元後的羅馬時代之後，逐漸往實踐性發展。對於不斷追求「人生指南」的人們來說，斯多葛哲學始終提供著超越時空的各種啟示，是一種**歷久彌新的思考方式**。

說到同時代的斯多葛哲學，或許有人腦中會浮現西塞羅（Marcus Tullius Cicero）、塞內卡（Lucius

Annaeus Seneca）、馬可．奧理略（Marcus Aurelius Antoninus）等人，而位在這系譜核心的，就是一名**奴隸出身的哲學家——愛比克泰德**。他是在約西元五十～六十年出生於奴隸家庭的窮苦人，年輕時也是奴隸，被解放後則開設私塾維持生計（關於愛比克泰德的生涯與著作，請參照第22～28頁的詳細介紹）。

奴隸出身的哲學家在哲學史上十分罕見，愛比克泰德的一生，既非「學者」，亦非「菁英分子」。他出身奴隸階層、長期且難以治癒的肢體障礙、被流放至國外的辛酸、私塾講師不穩定的收入……儘管遭遇這麼多困難，他還是將當時流行的斯多葛哲學化為自己的「生活方式」學習，並且精益求精。

與地位、財產、權力無緣的平凡市井小民，**該如何享受真正的自由、獲得幸福的生活**？為此，擁有什麼樣的智慧又是最重要的？

愛比克泰德自身的課題是「從屬與自由」，這可說與現代人的生活也相關聯。

或許對讀者來說，相較於蘇格拉底、柏拉圖或是馬可．奧理略等哲學家，愛比克泰德這個名字較不為人所熟之。

然而自古至今，他影響了許多哲學家、宗教家、文學家卻是不爭的事實。即使是在現代，在歐美，不僅是哲學家，包括政界及商業界的知名人士，也有無數人喜歡閱讀愛比克泰德的作品，並將他留下的格言做為自己的人生座右銘。愛比克泰德的思想，便是像這樣不分時代，擁有普遍性的魅力。

涵蓋古今，他的話語中潛藏著**改變所有人類共通煩惱及不安的爆發力**。

一說到「哲學」，應該也有人以為如同近現代的德國哲學，文章裡充滿抽象又艱澀的詞彙而難以入門，而且完全無法理解究竟能用來做什麼，不過愛比克泰德的說法則完全不同。

他彷彿是對學生一一仔細講解的老師般，從日常生活中舉例，將完全顛覆常識的觀點、欲望的理想模樣、對人際關係的理解呈現在我們眼前。

只要看過一次就能明白，他所留下的無數名言，**絕對不是一讀就懂、有如延伸常識般的通俗人生教**訓，反而都是些讓人驚訝、不禁想反駁或感覺挫敗般的悖論。但反過來仔細思考後，卻又不禁讓人覺得，「這麼說也有道理」而認同他。

總之，就像禪宗公案一樣，在我們心中，他的話語是如此沉穩卻又會確實掀起漣漪。同時，以這份「驚訝」為出發點，將促使我們重新思考日常生活中遇到的各種困難、難題。

或許會有贊成、反對、疑問等各式各樣的感想，且不見得要是哲學家或宗教家，就算是政治家、軍人、運動家、藝術家，基督徒、佛教徒或無神論者，一旦讀過愛比克泰德，都能在各自的立場得到一些啟發，同時也會有不少人想反駁。

希望讀者們能夠將在心中好好思考於閱讀中萌生的疑問及發現。當然，也因為這些文章是寫於羅馬時代，難免有些習俗從現代來看既奇妙又難以理解，但只要搭配著解說閱讀就能充分理解。

本書的誕生是為了讓讀者們能藉由深入理解愛比克泰德的話語，**稍微重新深思各自的人生**，停下來思考什麼是「做為一個人**好好活著**」。

希臘語「Eu Zen」（好好活著），也可以說是「幸福活著」。以愛比克泰德為首，斯多葛學派奉蘇格拉底為圭臬，他在西元前三九九年被判死刑後遭拘留在監獄中，拒絕了摯友克里同（Crito）偷偷暗示的逃獄提議，從容赴死，並在當時兩人對話中留下「我們必須重視的，並不只是單純活著，而是『好好活著』，而且是『正確』『抬頭挺胸』地活著」這段話（柏拉圖《克里同篇》，48B）。

「好好活著」是表示人生最終目的的詞語，即使是在現代，這個基準也不會改變。

希望本書能成為讀者們重新審視各自人生的契機，並為各種困難、課題帶來解決的線索。抑或是，基於完全不同的觀點讓我們肩負的許多問題「消失」，而非積極地「解決」。

日本上智大學 哲學系教授　荻野弘之

目次

序章 3
前言 10
愛比克泰德的生涯與著作 22

第1章

分辨「我們所能掌控的事物」

通往自由的唯一路徑即是漠視「我們無法掌控的事物」。 32
若想避開生病、死亡或貧困，你就會變得不幸。 40
你所能做的事，就是努力實現這件事。 46
為何要害怕嚷嚷著「你錯了」的人們呢？ 52

不論發生什麼事，我都能從中獲益。 58
不要從遠處拋擲欲望，在來到你身邊之前靜靜等待。 66
疾病會妨礙身體，但不會妨礙意志。 72

第2章

不再當情緒的奴隸

會讓人不安的不是事情本身，而是對這件事的想法。 82
真正侮辱你的，是認為自己被侮辱了的想法。 90
你的酒杯破掉時，必須採取他人酒杯破掉時的態度。 96
如果有珍惜的東西，試著說出那個東西的本質。 102
不論發生什麼事，絕不要說「我失去了它」。 108
明白遠離快樂能讓你有多高興，且能因此讚揚自己。 116
絕對不要說「我從沒有這麼辛苦過」。 122

第3章

擺脫人際關係的束縛

認為「我受傷了」時，你才是真的受傷了。 130
只要自己認同就好，這樣就足夠了。 136
在還無法確實判別當事人想法時，我們無法知道那是否真的不好。 142
不做跟他人同樣的事，就不可要求同樣的東西。 150
如果手足有不正當行為，不要只抓住「有不正當行為」的一邊不放。 156
受教養之人，不責備他人，也不責備自己。 162

第4章

真正的成長是好好活著

猶如暗中埋伏的敵人般監視著自己。 170
不可說「我有匹漂亮的馬」。 176
所有關注，都應該要放在自己的內心上。 182
被認為是無知或愚蠢時，反而要滿足。 190
為了應付難題，找出你所擁有的能力。 196
將覺得「可怕」的事，每天都放在眼前即可。 202
記住，你是戲劇中的演員。 210

尾聲 215
後記 222
推薦書單——進階認識愛比克泰德 225
《手冊》原文翻譯彙整 228

登場人物介紹

主人

塞克斯圖斯・克勞狄烏斯

貴族（patricius）、元老院議員，手下擁有約兩百名奴隸。因奴隸們的態度（說謊、敷衍或裝病等）怠慢感到頭痛時，在奴隸市場看到牌子上寫著「雖然我腳不方便，但很誠實、有正義感」的愛比克泰德，所以買他來當監視者。

主人擁有的奴隸團體（familia）

愛比克泰德

因原主人家生活變窮困，為了資金周轉而被賣到奴隸市場，結果被塞克斯圖斯買下。腳不方便，負責監視其他奴隸們。

尼烏斯

原本跟同為奴隸的雙親一起工作，成年後來到塞克斯圖斯家中。認為自己沒有才能，即使被解放也得不到幸福而悲嘆。

澤尼姆斯

與尼烏斯在同時期被主人買下。對主人阿諛奉承，比其他奴隸得到更多賞賜，謀取了不少私利。十分期待被解放成為自由人。

愛比克泰德的生涯與著作

擺脫奴隸身分後，成為私塾講師

愛比克泰德（約西元五十／六十～一三五年）因其奴隸身分，關於他的生涯仍有許多不明之處。約西元五十～六十年間，在小亞細亞弗里吉亞地區（現土耳其西南部）的城市希拉波利斯〔在亞細亞的省會以弗所（Efes）往東一百六十公里處〕，愛比克泰德出生於奴隸家庭。

實際上，他的本名不詳，愛比克泰德為「之後獲得的東西」之意，是很有奴隸風格的名字。

從幼年時期開始，愛比克泰德就在羅馬侍奉主人伊柏弗洛底泰斯（Epaphroditus）。伊柏弗洛底泰斯也是被解放的奴隸，獲得自由後便在以「暴君」聞名的尼祿（西元五四～六八年在位）手下擔任秘書掌控權勢，據說最後還協助尼祿自殺。

愛比克泰德的首席弟子阿里安〔Arrian，約西元八五～一六〇年，《亞歷山大遠征記》（*Anabasis*

Alexandri）作者」將其教導編成了《語錄》（*Discowse*），其中，直白描述了拚命想討好權勢者的人物，或許就是來自愛比克泰德在年少時代，伴隨主人至宮廷執行職務時所留下的深刻印象。

他自稱為「腳不方便的老人」（於《語錄》第一冊第十六章二十節等），有人說是因主人殘酷對待所造成的肢體障礙，但實際原因可能是晚年的風濕病。

愛比克泰德身為奴隸的年少時代，因聰明靈敏，特別受到主人允許，有機會參加當時知名的斯多葛學派哲學家，莫索尼烏斯・魯弗斯（Musonius Rufus，約三十～一〇一年）的講座，這就是他接觸斯多葛學派最初的契機。待奴隸身分告終而獲得自由時，愛比克泰德便在恩師魯弗斯的庇護下，暫時做為助教鑽研學問。

然而皇帝圖密善（Titus Flavius Domitianus，西元八一～九六年在位）為了加強思想箝制，敵視當時批評皇帝暴政的知識分子，便在首都羅馬頒布哲學家流放令（西元八九年），愛比克泰德於是移居希臘本土的尼科波利斯，並開設私塾教導哲學。

愛比克泰德的肖像

該城鎮是為了紀念亞克興海戰（西元前三一年）的勝利，由初代皇帝奧古斯都（Augustus）所建設的新興都市，於政治、經濟兩方面為希臘西部的羅馬政權中心，在現代依然可透過其遺跡緬懷當年的繁榮景象。他之所以選擇這座城市，或許是基於聯絡義大利半島與希臘本土的海路便利性，以及受到新興港口城市特有的、不受習俗約束的國際氛圍所吸引。

往後，除了短期停留於雅典與奧林匹亞的時期之外，愛比克泰德終生都在這座城市度過私塾講師的生活。

愛比克泰德在做為斯多葛學派哲學家逐漸提升知名度的同時，包括入學的年輕人以及各類人士都為了會面或談話而頻繁來訪。在到訪的政界重要人物中，甚至有於旅途中來訪的哈德良皇帝（五賢帝之一，西元一一七～一三八年）在位。

愛比克泰德長年單身，直至晚年時才結婚。但據說這也並非基於他本身的意願，而是因為必須撫養熟人所託付的孤兒。他過世時為西元一三五年，其時，正是之後的皇帝馬可・奧理略（西元一二一～一八〇年）的少年時期。

愛比克泰德的生涯便是像這樣，二分為身為奴隸侍奉主人、獲得自由後修習學問的年輕時期，以及做為職業教師經營私塾的後半生。

出生於社會最底層、長期且難以治癒的肢體障礙、被流放至國外的辛酸、當私塾講師的不穩定收入，以及單身生活的經歷，讓他更進一步思索受到各種阻礙的無力庶民，該如何不仰賴地位、權力或財產得到真正的自由，為了獲得真正幸福的生活又該擁有什麼樣的智慧，而其根基便是斯多葛學派的哲學。

《語錄》與《手冊》

或許是受到蘇格拉底（西元前四六九～三九九年）終其一生與著作活動絕緣之事影響，既使愛比克泰德在私塾當講師，卻從未留下任何作品。

不過，他在政界十分活躍的弟子阿里安認為「這樣有點可惜」，於是試著將老師的言行，包括語調忠實記錄下來，其成果結晶就是《語錄》，全八冊，現存有四冊。

《語錄》是收錄了講課及師生對話的言行錄，當初並沒有打算公開發行，但似乎逐漸散布至門徒以外，被大眾廣泛閱讀。整體而言，雖然重複及離題的內容極多，也稍嫌繁雜而冗長，但生動地傳達出愛比克泰德的私塾景況與上課情形，是能得知他人格與思想的必要史料。

皇帝馬可．奧理略（西元一六一～一八〇年在位）也曾透過導師盧斯提庫斯（Junius Rusticus，約西元一〇〇～一七〇年）借了哲學及文學相關書籍，對愛比克泰德的「備忘錄」十分熟悉〔《沉思錄》（*Meditations*）1.7〕。

皇帝馬可在晚年撰著的《沉思錄》中，除了提及愛比克泰德以外，隨處可見直接或間接引用、摘錄他的書籍內容，由此可窺見其影響之大。解放奴隸與皇帝，社會地位相對的兩人透過書籍有了共鳴，無形中締結了師生關係，是十分耐人尋味的歷史。

阿里安又摘錄這些內容，編纂成共五十三章的《手冊》（*Enkheiridion*）。Enkheiridion 意指「能收於掌中的書」，是將愛比克泰德的教導、訓誡簡潔彙整成摘要的「小冊子」。

一般認為原本是基於某些教育目的才編纂而成，但只要各位往下閱讀本書就能了解，《手冊》中有堅定的思想、各種出人意表的論點、簡單明快的文體與豐富實例，再加上其簡便性，使其比《語錄》散布得更廣，帶給後代極大的影響。說到愛比克泰德（的著作），比起《語錄》，大多是指這本《手冊》。

近世以後，斯多葛哲學幾乎等於是實踐性的「禁慾主義」代名詞，比起學說或理論更被視為一種「生活方式」。人們對於斯多葛學派的理解，比起開山祖師的芝諾（西元前三三五～二六三年），或第三代領袖克律西波斯（Chrysippus of Soli，約西元前二八〇～二〇七年），透過《手冊》中愛比克泰德研究斯多葛學派的占大多數。同時，對於此學派的批判也大多是針對《手冊》上的陳述。

近年來，隨著《手冊》的研究進展，以往人們基於《手冊》對愛比克泰德「嚴苛又孤高的道德家」的印象也慢慢受到修正。除了認可他的比喻及訓誡很巧妙，人們更朝著較溫和的「中庸且充滿人性與慈愛，實踐性的教育者」，以及「受到蘇格拉底與犬儒學派錫諾普的第歐根尼（Diogenes，約西元前四〇〇～三二五年）等人思想影響的哲學家」等方向理解這號人物。

愛比克泰德或許知名度不高，但他對後世的影響遍及各式各樣的人們，絕不遜於蘇格拉底及柏拉圖等古典時代的哲學家。

哲學家皇帝馬可．奧理略的《沉思錄》為先前提及的例子，從古代希臘的哲學家們開始，俄利根（Origenes Adamantius，西元一八五～二五三年）等初期的基督教思想家、巴斯卡（Blaise Pascal，西元一六二三～一六六二年）或尼采（Friedrich Nietzsche，西元一八四四～一九〇〇年）等近代道德家、卡爾・希爾提（Carl Hilty，西元一八三三～一九〇九年）與阿蘭（Alain，西元一八六八～一九五一年）的《論幸福》（*Propos Surle Bohheur*）、前往中國傳教的耶穌會傳教士利瑪竇（Ricci Matteo，西元一五五二～一六一〇年）、美國詩人愛默生（Ralph Waldo Emerson，西元一八〇三～一八八二年）與自然作家梭羅（Henry David Thoreau，西元一八一七～一八六二年），以及真宗大谷派佛教哲學家的清澤滿之（西元一八六三～一九〇三年）等等，超越基督教、佛教、無神論者等各種不同立場，古今東西的愛好者不勝枚舉。

如越南戰爭中被俘的美國軍官史托克戴爾（James Bond Stockdale，西元一九二三～二〇〇五年）在監獄中愛讀，又如湯姆・沃爾夫（Tom Wolfe）的小說《全人》（*A Man in Full*，西元一九九八年）中可窺見，愛比克泰德的思想做為人生處方箋，在現今歐美持續帶來莫大的影響。

本書是從《手冊》揀選整章讓人印象深刻的內容，搭配趣味性的漫畫與簡單解說為各位做介紹。

那麼，接下來就進入不可思議的愛比克泰德世界，展開旅程吧！

第1章

分辨「我們所能掌控的事物」

啊～真讓人羨慕～
嗯？
如果我也能生為貴族，
應該會過得很幸福吧！
尼烏斯啊，老夫問你，
你覺得受拘束地活著，
還是不受任何拘束自由活著，
哪一邊比較幸福？
唉～那當然是能自由活著比較幸福啊。
喔？
那你應該會覺得現在受到地位或名譽拘束的自己很不幸吧？
唔……

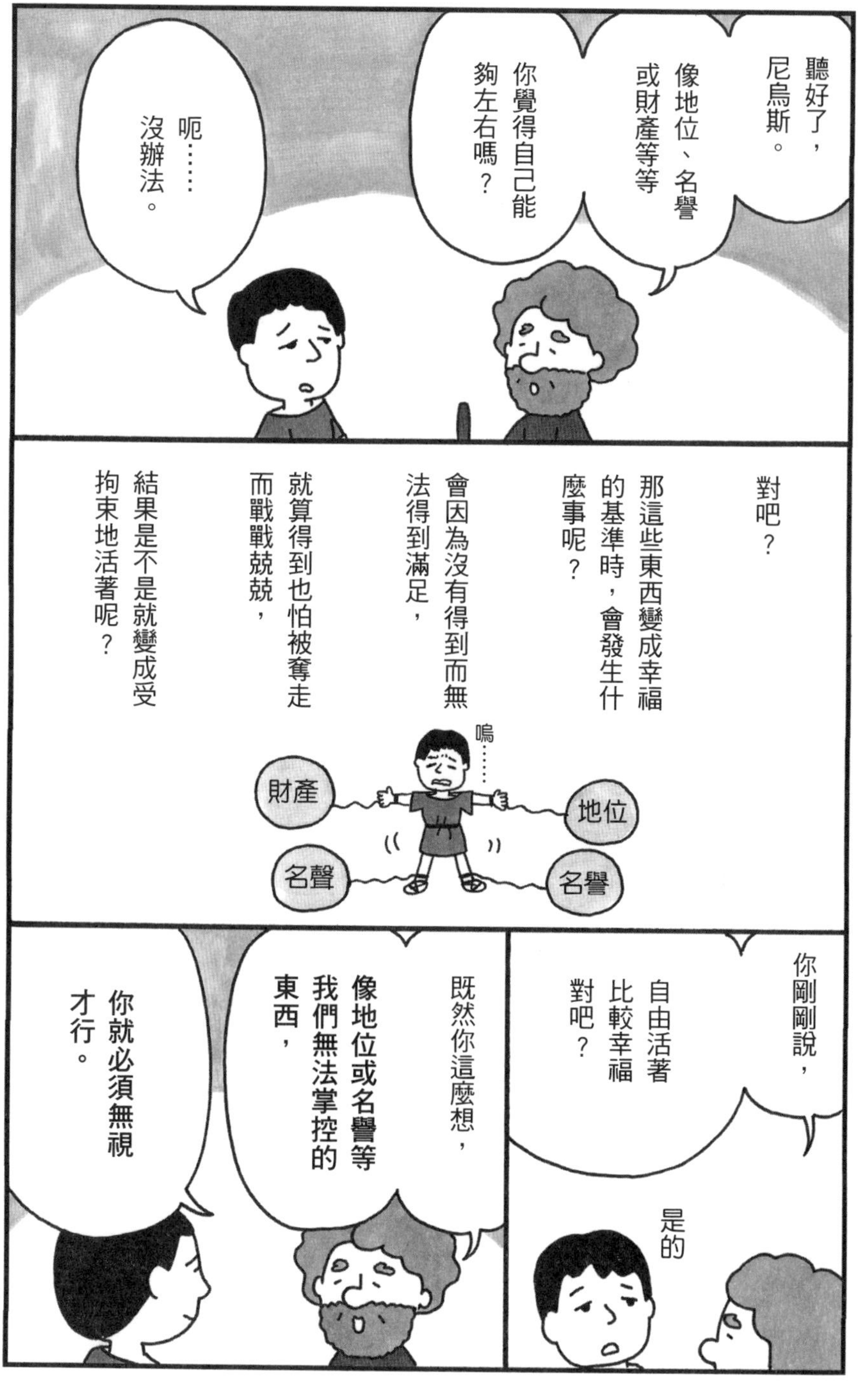
聽好了，尼烏斯。
像地位、名譽或財產等等
你覺得自己能夠左右嗎？
呃……沒辦法。
對吧？
那這些東西變成幸福的基準時，會發生什麼事呢？
會因為沒有得到而無法得到滿足，
就算得到也怕被奪走而戰戰兢兢，
結果是不是就變成受拘束地活著呢？
嗚……
地位
財產
名譽
名聲
你剛剛說，
自由活著比較幸福對吧？
是的
既然你這麼想，
像地位或名譽等我們無法掌控的東西，
你就必須無視才行。

通往自由的唯一路徑
即是漠視「我們無法掌控的事物」。

當你看到有名、有勢或備受好評的人，你必須注意不要被印象綁架※，而誤以為那個人「很幸福」。因為既然良善的實質為「我們所能掌控的事物」，就不會心生羨慕或嫉妒。你不會希望成為將軍、議員或總督，而是希望成為自由人吧。通往自由的唯一路徑即是漠視「我們無法掌控的事物」。

（《手冊》19）

※「被印象綁架」是愛比克泰德偏好的表現，意指無意識中陷入超出「事實認知」的錯誤價值判斷。

追求就會不幸

英文「stoic」即是源自古代斯多葛學派，原本意指「不順從自己的欲望，主動採取禁慾、忍耐的態度」。即使是在現代，如運動員、考生等，努力朝向目標前進而實踐禁慾生活的人也不少。

那麼，為什麼我們必須禁慾呢？

因為適切控制欲望跟幸與不幸有直接的相關性。

斯多葛學派的基本策略是正確看清「我們所能掌控的事物」與「我們無法掌控的事物」之間的界線，**只將自己的欲望投注於前者**，也就是**在自己意志範圍內的事物**，這就是他們所說的禁慾。

愛比克泰德認為的「自由人」，也是指不受先入為主的觀念或偏見影響，能夠分辨自己辦得到、辦不到的事再採取行動的人。

斯多葛學派對於欲望的基本策略

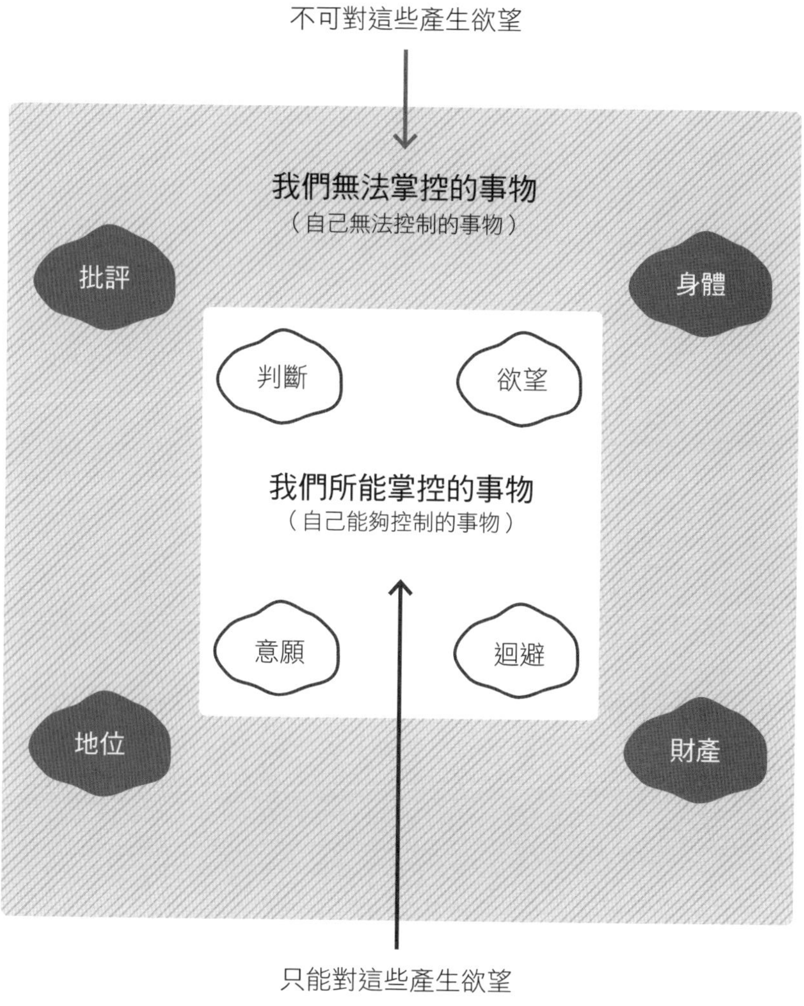

在愛比克泰德《手冊》的開頭，第一章便記載如下：

所有事物可分為「我們所能掌控的事物」與「我們無法掌控的事物」兩者。判斷、意願、欲望與迴避等，大致上受我們（心智）影響者便屬於「我們所能掌控」；但自己的身體、財產，或是他人的批評、地位、官職等，大致上不受我們影響者即是「我們無法掌控」。「我們所能掌控的事物」本質上十分自由，不受任何阻礙或他人妨礙；但「我們無法掌控的事物」則十分脆弱，是被支配、容易被阻礙，不屬於自己的東西。（《手冊》1）

地位、名譽或財產等——反過來仔細想想，許多我們產生欲望的對象，實際上都不是我們能夠掌控的事物。

或許各位會想：「不對，自己多努力一點就可以得到吧？」但不論多少，只要無法避開他人的意願或時運干預，**就說不上是完全在自己的意志之內，也就不是「我們所能掌控的事物」**。

愛比克泰德嚴格訓誡這種對「我們無法掌控的事物」產生欲望的態度。

他舉出羨慕他人情況做為最明顯的例子。

即使是現代，看到政治家、藝人、運動選手等「上流人士」華美的外表或優雅的生活方式，應該也有不少人默默感到憧憬吧。對於「你長大後想當什麼？」這個問題，不論過去還是現在，許多小孩都會回答「有名的人」。

更何況就算不到「上流人士」，只要看看我們周遭認識的人或朋友中，長得漂亮，個性又好、十分受歡迎、高學歷、有一定資產等，讓人不禁心生羨慕的人也多不勝數。

但即使再羨慕他人，對方的**地位或名譽也不是依我們自己的意志就能得到**。若因看到他人成功或飛黃騰達而感到羨慕，於是希望自己也能變得耀眼，或因此被煽動參與不必要的競爭，結果卻讓自己更加痛苦，無疑是愚蠢之舉。

為了在真正意義上自由活著，我們不能被這種「無法掌控的事物」束縛，這就是通往幸福的捷徑。

第2話「跟愛比先生接吻？」

愛比先生，你有聽說最近都市裡正在流行傳染病的事嗎？
有點擔心會被傳染……
尼烏斯啊……
等……愛比先生你想幹嘛？
你避開了老夫呢。
為什麼？
還說為什麼……
因為我不喜歡跟愛比先生接吻。
不喜歡啊……
那老夫問你，
傳染病能像剛剛那樣避開嗎？
咦？

當然是不行啊。
如果能自己避開，就不用這麼擔心了。
嗯……
那麼你，為什麼會想要避開呢？
唔
跟你剛見面時，老夫說過「區分」的事吧？
我們所能掌控的事物
我們無法掌控的事物
對於你想避開的東西，這種區分也是必要的。
生病、死亡或貧困——就是因為認為自己能左右這些情況，真正面對時才會感到沮喪。
對於自己無法避開的東西就不避開，才是通往幸福的捷徑喔。

若想避開生病、死亡或貧困，
你就會變得不幸。

記住，渴求為的是得到你所想要的東西，迴避為的是避開你不想遇見的東西。心有所求卻得不到東西的人際遇不佳，迴避卻仍遇上的人是不幸的。

如果屬於「你所能掌控的事物」範圍內，只避開「不自然的事物」，你就不會遇見任何你想避開的東西。但若想避開生病、死亡或貧困，你就會變得不幸。

因此將所有「我們無法掌控的事物」排除在迴避對象之外，試著將之替換為「我們所能掌控的事物」中「不自然的事物」吧。

（《手冊》2）

只避開自己能避開的事物

「我們所能掌控的事物/我們無法掌控的事物」的思考方式，不僅針對「欲望」，也適用於「迴避」。愛比克泰德的教導即為：**只避開自己能夠避開的事物**。

那麼，「自己能夠避開的事物」又是哪些呢？

若依照常識思考，我們似乎能靠自己避開生病。只要平時多注意飲食生活、多運動、定期接受健康檢查，應該就能在某種程度上避開疾病。

只要認真工作、節儉儲蓄，我們似乎也能避開貧困。如此一來，愛比克泰德說的「不可避開生病、死亡或貧困」似乎顯得有些矛盾。

但是，若再多加深入思考，不管我們如何謹慎預防，依舊無法完全避免生病及死亡，也無法完全排除因事故或災害而喪失資產的可能性，因為這些都屬於**不能靠自己意志左右的範圍**。

當我們翻開日誌填寫下週的預定事項，或是打電話通知家人「現在要回家了」，表示自己預想著不遠的未來（先不提十年後），在沒有自覺的情況下相信自己、家人或朋友「暫且」都不會死亡。

對人類來說，為了「安心生活」，這樣的想法的確是有必要的。畢竟若真的凡事都在意「人生無常」，我們將變得無法行動。

不過，我們暗自將自己的願望優先於事實，無意識中忽視「對自己不利的真理」也是不容否認的事實。

也就是說，愛比克泰德在這裡要勸導的是，**正視「對自己不利的真理」**的態度。話雖如此，他也不是說不要為了健康而努力，他真正要說的是，對於「即使為了健康而努力，**依舊無法從根本避免生病**」這件事要有所自覺。因為沒有這般自覺的人，一旦罹患疾病便可能會大受打擊而一蹶不振。

就算擬定再完美的計畫出外旅行，也有可能在目的地遭逢不測，以為凡事都會理所當然按照計畫走的人，在遇到突發事件時便難以隨機應變。相反地，認為出外旅行難免會發生意外的人，在危機來臨時反而能站穩腳步面對。人生也同理可證。

愛比克泰德自始至終想要傳達的，就是**不可期望自己無能為力的事**。或許認為意外總是會發生，才是始終不會迷失自我的祕訣。

第 3 話「尼烏斯，你應該做的是……」

聽好了，澤尼姆斯會不會弄壞石像，
是你能左右的事嗎？
不能……
沒錯，
因為那必須看他怎麼做。
要是像這樣希望他人怎麼做，就會因為不順自己的意而苦惱，
結果慢慢變得不幸。
他人就是他人的東西，不是你的東西。
為什麼～
尼烏斯啊，你應該做的事是什麼呢？
是繼續要求澤尼姆斯嗎？
還是放手不管呢？
喂～
是哪一個～
愛比先生，你也離太遠了吧。

你所能做的事，
就是努力實現這件事。

如果你期望你的孩子、妻子或朋友們能一直活著，那你就是笨蛋。因為你像是對自己能掌控的事物般期望「自己無法掌控的事物」，像是對自己的東西般期望「他人的東西」。

若期望自己的奴隸不要犯錯，你就是愚者。因為等於是期望不道德的事變成應遵循的規範。

但若是期望得到自己想要的東西，就有可能實現。也就是說，你所能做的事，就是努力實現這件事。

（《手冊》14）

笨蛋才會對他人有所期望

不論是誰，對於自己的家人、朋友或寵物，甚至是珍視的東西或財產等，心中總是會默默期望身邊擁有的一切能夠永遠不會消失。然而有形的東西總有一天會崩壞，大家應該也心知肚明，身為人類都難逃一死。

但我們是「真的了解」這件事嗎？

若要愛比克泰德來說，這說法雖然很殘酷，但期望自己重要的人能一直活著的人是「笨蛋」。

為什麼呢？

因為那就是將自己能左右的事，與自己不能左右的事混為一談。理所當然，即使自己再怎麼努力祈願，重要的人也不可能獲得永恆的生命。

也就是說，愛比克泰德在這裡想傳達的是，就算許願祈求自己做不到的事，這件事也不可能實現。

或許對於現代的我們而言，愛比克泰德的這份教導，在人際關係上更能展現真正的價值。

他在這裡也舉了「奴隸犯錯」的例子。古代的希臘羅馬社會是奴隸制度，所以有從事農業或家事的僕人常駐。愛比克泰德將希望這些奴隸們不要犯錯的人稱為「愚者」。

這裡說的「奴隸」，在現代也可置換為「不聽話的孩子」「不受教的學生」「職場上不得要領的屬下」「態度惡劣的上司」。

我們時常在家庭或職場的人際關係中，希望他人「怎麼做」。然而千萬不可誤解，**我們無法左右他人**。對於他人做的事，自己是無能為力的。

你所能期望的是「**自己辦得到的事**」。雖然你無法改變態度惡劣的上司，但能改變自己應對這位上司的態度。

我們必須仔細思考，自己所期望的「是自己能左右的事嗎」？同時不求他人，努力實現自己辦得到的事——如此一來，為了人際關係煩惱時，應該也能因此寬心。

第 4 話「要不要跟主人講」

澤尼姆斯！我剛剛看到了！
看到什麼？
剛剛來拜訪主人的客人中，有一個人回去時偷了一個壺！
咦！
我現在就去告訴主人。
喂，等一下！
你是笨蛋嗎！
你要是真的講了，我們不是反而會被罵沒阻止他嗎！
那你是說要當作沒看見嗎？
沒錯，其他人一定也會這麼說！
嗯？尼烏斯，
你不去跟主人說嗎？
是的……
大家都叫我不要講，
還說我的想法是錯的……

你認為大家的意見是正確的對吧？
不……不是那樣的。
嗯？那你為什麼要打消念頭？
咦？那是因為……
尼烏斯啊，你的行動不是你的東西嗎？
行動是經自己思考、選擇後產生的吧？
但你現在是順從他人的思考、選擇而行動……
你想要將自己的東西交給別人嗎？
不……不想。
那只要你認為正確，依照自己的意志行動就好了。

為何要害怕嚷嚷著「你錯了」的人們呢？

當你認為「我必須要這麼做」而下定決心做一件事，絕對無法避免讓別人看到你實行。即使為數眾多的人（大眾）對這件事抱持著某些錯誤的判斷。

如果你不是因為正確而做，一開始就應避免這樣的行動。但實際上若是正確的，為何要害怕嚷嚷著「你錯了」的人們呢？

（《手冊》35）

擺脫「他人評價」的泥沼

政治家、藝人及職業運動選手等，必須得到社會上各式各樣的人支持，維持好感度。不僅是照片的呈現或穿著打扮，在部落格或社群軟體上也要謹慎發文，以免遭網友洗版。

相反地，也有公務員、軍人、學者或工匠等以實力為重，不易成為人氣投票對象的工作。而且雖說是「實力」，終究也同樣是受他人評價。

過著一般生活的普通人中，也有待人和善的人、討人喜歡的人、周圍有許多朋友的人、時常得獎的人、地位崇高的人，但相對地，也有不少容易被誤解的人、孤獨的人、與崇高地位無緣的人。

然而，無論自己再怎麼努力，**終究無法自由控制他人的批評及評價**。要是太在意他人的目光及評價，反而可能會失去自己應該前進的方向。

正因為如此，愛比克泰德訓誡我們：**不要害怕他人的評價**。

近年來，社群軟體與我們形影不離，導致我們時常受到他人評價，因此判斷事物的觀點也更容易變成「他人的評價」，而非「自己」。

因為想被朋友稱讚而就職於知名企業、想被人認為自己生活充實而在假日出外旅行……你是否也在不知不覺中以「他人的」觀點而活呢？

但就如愛比克泰德所述，不管你再怎麼盡力，自己也無法控制「他人的批評及評價」。

就算就職於知名企業，也可能被認為是「愛追流行的傢伙」；去人氣咖啡廳拍照上傳IG，也可能只會被嫌「真愛現」「討人厭的傢伙」。

像這樣活在自己無能為力的「他人評價」中，猶如在動彈不得的泥沼中痛苦掙扎，結果忽視自己內心真正的聲音，甚至失去應該前進的方向。

想自由自在活著的唯一方法，就是活在自己的意志之中。

正因為我們活在不斷受他人批評的現代，希望各位能將愛比克泰德的話銘記在心，以免迷失自我。

第 5 話「不吉祥的夢」

愛比先生……早啊……
你怎麼了？臉色好差……
是啊……
我做了一個不吉祥的夢。
是什麼樣的內容？
其實……
我不要～
救救我啊～
我一定……會遭到處刑……
這是個預知夢。
啊～好可怕～
聽好了，尼烏斯。
夢本身沒有善惡之分。
咦？
是做夢的人自己決定善惡。
換句話說，是你將那個夢變成了惡夢。

聽到你的夢時老夫這麼想：
尼烏斯想要擺脫束縛著自己的思維，
說不定這個夢是成長的前兆。
怎麼樣？
那真的是個惡夢嗎？
感覺好像不是了。
尼烏斯啊，
不僅限於夢，所有發生的事也可以這麼說。
咦？
發生在你身上的任何事情，本身都無善惡之分。
可依自己的想法，將所有的事情視為有益於自己的事。
下大雨……衣服又乾不了了……
下大雨啦！這樣就不用洗衣服了！

不論發生什麼事，
我都能從中獲益。

烏鴉發出不祥的啼叫聲時，小心不要被印象綁架。不如立即在心中做好區分，對自己說：

「這些現象，任何一樣都不是在對我預告（糟糕的事態），頂多是對我貧弱的身軀、微薄的財產、無關緊要的批評，或是對（我的）孩子或妻子捎來預告而已。但對我本身而言，只要我有所期望，這些現象都預告了吉兆。因為端看我的意志，不論發生什麼事，我都能從中獲益。」

（《手冊》18）

不可期望事情能如你所願般地發生，不如期望事情順其自然發生。如此一來，你就能過著安穩又幸福的生活。

（《手冊》8）

「如何看待」是唯一解法

雖然現代人可能難以想像，但古代世界中充滿了咒術及預言。在古代地中海世界（希臘羅馬）各式各樣的占卜術中，「鳥卜」最受歡迎。當鳥兒排列整齊飛翔即為「和平」的吉兆；若胡亂飛舞、以尖銳叫聲不斷啼叫，則是表示「動亂」的凶兆。

話雖如此，現代人似乎也沒有理性到能批評古代人為不理性。即使在現代社會，依然有許多人的心情會隨著占卜結果或籤詩起伏。

先不提占卜，回顧我們的日常生活，也時常對周遭狀況抱有莫名的不安。舉例來說，光是脾氣暴躁的上司在附近，整個人就變得沒有活力，不知何時會挨罵而心驚膽顫。

但愛比克泰德主張「**區分事實與評斷**」。雖然上司的脾氣暴躁是事實，但是好是壞則應由自己決定。籤詩亦同。一旦抽到「大凶」就讓人憂鬱，尤其是剛被交付重要工作或考試前時。雖說是半信半疑，還是會讓人忍不住想「說不定會不順利」而心懷不好的預感。

這裡的重點在於，愛比克泰德並不是說不可相信占卜或籤詩。

不管是工作還是人際關係，占卜或籤詩出現不好結果的「事實」，與「說不定工作會不順利」「說不定會精神不濟」等個人「評斷」是兩回事。

也就是說，發生的事實為「我們無法掌控的事物」，我們完全束手無策，不過**對這件事的評斷則是「我們所能掌控的事物」**。愛比克泰德有著強烈的信念：發生的事情本身絕非不好的。

事情本身無善惡之分。地震或豪雨也是因自然機制而產生，本身當然不會有是非善惡。

另一方面，不論是誰都會希望凡事能如願發展，祈禱地震或豪雨不來也是人之常情。學業進步、生意興隆、無病無災等，這些祈願似乎都是人類自然會有的願望。

然而，愛比克泰德推翻這個常識，提出異議。

他認為未來會發生什麼樣的事，並非人類能夠左右，原本就不應該是渴求的對象。而且**就算事與願違，或是乍看之下對我們不利的狀況，都能加以善用**。

比方說，小時候在遠足的前一晚，大家都曾祈求隔天會是好天氣吧。但隔天起床卻下雨，但也玩了其他的室內遊戲，開心度過一天。

那麼，哪一種結局比較好呢？試著仔細想想，反而意外地難以判定。

這裡可分為兩種觀點。

第一種，是不斷執著於自己的期望。

「要是沒下雨就能去遠足了」「如果當初考上第一志願，就能進入比現在更好的公司」等，充滿留戀與後悔的道路。這樣的觀點只會帶來失望。

相反地，也有「雖然下了雨，但還好能開心度過一天」「因為現在的工作遇見了重要的夥伴，這樣就很好了」等，不同於自己的主觀期望，也就是接受「第二順位的現在」的觀點。「天職」的想法便是來自這樣的觀點。

後者正是愛比克泰德所說的「**善用之道**」。

接受發生在自己身上的事，把對將來的不安與煩悶一掃而空，就能達到「樂觀」的極致。

俗話說「明天的事明天再說」，在歐美等扎根於基督教的文化圈，也有許多人反覆閱讀耶穌基督的教誨：「因為明天自有明天的憂慮」（《馬太福音》6・34）「因為你們求祂以前，你們所需用的，你們的父早已知道了」（《馬太福音》6・8）。他們確信，各自的未來絕不會發生壞事。愛比克泰德的哲學與基督教，即是共享著這種被稱為「天意」（Providence）的思考方式。

《手冊》原文翻譯的「過著安穩又幸福的生活」，原本是意指「水由上而下暢通無阻地流動」。不因憤怒或擔心而感到煩悶，對人對事都能自然應對——這就是愛比克泰德對於「幸福」的認知。

每天都有各式各樣的事發生在我們身上，**不受先入為主的觀念影響，用明亮的雙眼面對事實，不就是讓我們不被事情牽著鼻子走的唯一解法嗎？**

任何事實都能朝著對自已有益的方向加以運用。愛比克泰德在這裡，便是教導我們理所當然卻沒有人發現的真理。

第6話「等待果實成熟」

終於可以休息了～
欸，尼烏斯，不是有個很高的傢伙嗎？
嗯
最近都沒看到他，結果好像是被解放了。
好好喔～
我要到什麼時候才會被解放啊～
再過不久？還是要再多等一陣子？
那一天到底什麼時候會來啊？
尼烏斯，你也希望能早點被解放嗎？
不，我還好……
話說回來，你喜歡無花果嗎？
咦？無花果嗎？
嗯……喜歡啊。

那老夫問你，無花果的果實還是綠色的時，
你會怎麼做？
我會等果實成熟。
那果實過熟而掉到地上爛掉時，
你會怎麼做？
啪
那種的我會丟著不管。
那你會吃什麼樣的果實？
當然是成熟的果實囉。
你想等到那種果實出現才吃，所以現在還不能吃對吧？
是的……因為也沒辦法。
尼烏斯啊，當你想要被解放時，
就要像剛剛那樣才行。
不對過去，也不對未來產生欲望——
才是正確的渴求方式。

不要從遠處拋擲欲望，
在來到你身邊之前靜靜等待。

記住，你的行動要跟參加宴會時一樣。

有道料理轉了一圈後到你眼前，有禮貌地伸手拿取自己的份即可。從你面前經過，不要挽留；遲遲不來，也不要從遠處拋擲欲望，在來到你身邊之前靜靜等待。

（《手冊》15）

不可期望過去與未來

古希臘羅馬時代的宴會（symposium），是由知名人士招待許多友人或熟人到自家，從傍晚宴飲到夜晚。

但當時並不像法國料理的晚餐，一開始就先分好一人份的料理，而是從奴隸端來盤子上，每個人分別單手取用料理，與現在中式料理採取的圓桌形式相似。

因此就算料理來到自己面前，一個不注意就會轉到下一個人；就算有喜歡吃的料理，也必須等大家輪流取用，不會馬上就到自己面前。

等機會來臨的時候，當然能夠大方享受。然而一旦失去機會，便不可一直抱持著執念。相反的，也不該不斷期待機會何時到來。

有道料理轉了一圈後到你眼前，有禮貌地伸手拿取自己的份即可。從你面前經過時不要挽留；遲遲不來時也不要從遠處拋擲欲望，在來到你身邊之前先靜靜等待。

愛比克泰德在這裡巧妙引用當時應為常識的宴席禮儀，比喻實際人生中面對欲望應有的姿態。

簡單來說，**我們不可對過去，也不可對未來產生欲望，僅注視並享目前身處的狀況即可。**這就是愛比克泰德所認為的正確渴求方式。

這與古羅馬詩人賀拉斯（Quintus Horatius Flaccus）的格言：「活在當下（Carpe diem）」的態度也有所相通。但這並非是沉浸於短暫的快樂，而是指把握現在、及時行樂的精神。

只要能關注於現在，既不會受到回不去的過去束縛，也不會因不確定的未來而動搖。像這樣保持平常心，也有助於提高專注力。

第7話「真正的自由」

欸，尼烏斯。
聽說那個老爺爺是被買來監視我們的。
真～好～耶～
只要站著不動就好！
我們就要一直打掃
澤尼姆斯。
老爺爺腳不方便真好耶～
只會被分配到輕鬆的工作。
喂，你不要再說了！
不過既然腳不方便，
就算被解放，終生也無法成為自由人吧！
真不好意思，愛比先生。
那傢伙一直都是那樣……
沒事沒事。
老夫腳不方便也是事實。
但在某種意義上，老夫已經是個自由人囉。
咦？

尼烏斯，老夫問你。
腳不方便，會一併奪走心靈的自由嗎？
不會，沒有那種事……
對吧？老夫在想什麼、怎麼想都一樣是自由的。
雖然生病或受傷對身體而言是阻礙，
意志一直都是自由的
但只要不去在意，就不會成為意志的阻礙。
老夫跟你都是主人的奴隸，
但受到制約的只有我們的身體。
我們的意志只有我們能自由掌控，
無論什麼事、無論是誰都無法干預。

疾病會妨礙身體，
但不會妨礙意志。

疾病會妨礙身體，但不會妨礙意志，只要意志沒有如此期望。肢體障礙會妨礙雙腳，但不會妨礙意志。

遇到任何事情時，對自己這麼說即可。因為那些困難雖然會妨礙其他的事，但你會了解，它不會妨礙你自己。

（《手冊》9）

每個人都擁有的「自由」

一早醒來，總覺得身體莫名燥熱、倦怠，一量體溫將近三十八度。身體狀態這麼糟，根本無法去公司工作——相信大家多少都有這類經驗吧。

會限制自己自由的，可能是沒錢、沒時間，大多是欠缺實現某種目的的手段，但只要仔細想想，終究會回歸到**「最大的制約條件為我們自己『身體的不自由』」**的結論。

「我擁有自己的身體」是理所當然的事實，所以大部分的人不會發覺這件事。因為走到車站或用餐，平常能自由活動時，人們幾乎不會意識到自己擁有身體。

能明確意識到自己的身體，通常是匆忙快跑後出現心悸、牙齒痛、因受傷或生病而難以走動等，發現自己「無法做」某些事的時候，也可總結為有「負面體驗」的時候。

這就像平常戴眼鏡看東西時，不會意識到眼鏡的存在，一旦鏡片變模糊或變髒而看不清楚時，才會意識到眼鏡的存在。

驅動身體這件事，當然也有令人欣喜的一面。

不斷練習終於能夠成功吊單槓時、能一次游完二十五公尺，或是能夠不出錯完整彈完鋼琴練習曲時，有股充實感從我們體內湧現，這便是實際感到身心合一的獨特喜悅。

正因為如此，**我們往往會將身體狀態與自己的「動力」結合思考**。身體狀態佳時，便活力充沛地想「好，今天也要努力！」但也會有「好懶，完全提不起勁」的時候。不論是誰，都會因生病或身體不適導致精神也變差。

然而，愛比克泰德對於這種幾乎可說是常識的態度存疑。

> 疾病會妨礙身體，但不會妨礙意志。

當然這並不是像「心靜自然涼」一般，濫用精神主義、運動界常強調的毅力論。

更何況他在這裡說的「意志（proairesis）」與「動力」又有些微的差異。

動力的確會受身體狀態影響，但「意志」並非如此。愛比克泰德所說的「意志」是指「**判斷自己想做什麼、應以什麼為優先、必須怎麼做**」，基於謹慎思考後判斷的最終結論，亦為個人人格或性格的核心，本來就不存在著任何外在的阻礙。

當然，也會有因為疾病或身心障礙做不到的事，但不可因此影響「為此該做什麼、不該做什麼」等的合理判斷。

愛比克泰德並不是隨便規勸大家「要忍耐」，而是表達**不管遭遇何種困難，只有自己的意志是自由的**。

我們會因生病或受傷而過度沮喪，或因工作上的失敗而垂頭喪氣，甚至使念頭變得負面。在面對這些困難時，希望各位能想起愛比克泰德的忠告。

愛比克泰德在《語錄》中，有幾處自稱為「腳不方便的老人」。或許原因在於他晚年的風濕病，但不論實際上是如何，這裡的訓誡並非紙上談兵或精神論，而是基於他實際生活體驗所導出的結論，所以讓他說的話更有份量。

不管遭遇何種困難，只有自己的「意志」是自由的。意志正是我們唯一能自由掌控的東西——對自己這麼說，或許就能得到從難以接受的狀況重新站起的契機。

第2章

不再當情緒的奴隸

第8話「好可怕、好可怕……」

尼烏斯，你怎麼了？臉色好差。
剛剛主人從我眼前經過……
實在是太可怕了……
為什麼你會這麼怕他？
因為很可怕啊，
他的臉跟他的態度。
啊～好可怕
好可怕
為什麼我要因為主人而受這種罪啊！
尼烏斯啊，讓你害怕的不是主人，
而是你自己。
咦？
愛比先生你在說什麼啊！
為什麼是我自己？
不是我而是主人吧！

如果原因是主人，
你要怎麼解釋他的態度？
難得主人從面前經過，
卻沒有打招呼！
明明是表現自己的機會！
嘖
……
聽好了，尼烏斯。
情緒是因「自己的想法」而生。
如果你想減少對主人害怕的情緒，
哼
只要改變你的想法就能辦到。
不可怕
他的臉本來就長這樣

會讓人不安的不是事情本身，
而是對這件事的想法。

會讓人不安的不是事情（pragmata）※本身，而是對這件事的想法（dogmata）。比方說，死亡絕對不可怕，否則蘇格拉底也會這麼想。不如說我們對死亡的想法——「死亡好可怕」——才是恐懼的真面目。

所以我們受到阻礙、感到不安或悲傷時，絕對不可責備他人。不如責備我們自己，也就是責備我們自己的「想法」。

（《手冊》5a）

※註：希臘文，有建議、完成之意，也有超越現實、理性實體和真實存在的意思。

所有痛苦的原因在於「你」

根據斯多葛學派的哲學，感到不安、沉溺於悲傷中、憤怒不已等，受到這些負面情緒折磨就是人們不幸的最大原因。而我們時常受到各種事物影響，遭受這些情緒折磨。

被這些負面情緒困住時，我們往往將原因歸咎於外界事物或發生的事情，如「都是那傢伙的錯」「因為大環境不佳」等，時常埋怨人際關係或自己的處境。

但是愛比克泰德從根本推翻這樣的觀點。

外界事物或發生的事情（pragmata）本身非善亦非惡，所以絕對不是折磨我們的兇手，而是**依我們的想法（dogmata）對其價值下判斷**，將其視為何種性質的事態而定。

有一個名詞叫做「森林恐懼症」。第一次踏入森林的人會對杳無人煙、白天也陰森幽黯的森林感到恐懼。

但是反過來仔細想想，之所以感到「恐懼」，只是來自於當事人的主觀感受，並不是森林本身一開始就具備著「恐怖」的性質。對於以森林為狩獵場的資深獵人來說，不過就是普通又平凡的生活場所。

就像都市的小孩會怕小蟲子一樣，大部分都只是因為「不習慣」與恐懼的情緒相連結。一旦受困於情緒，即使實際上並不危險的事物也會讓當事人感到害怕。相反地，若在不好的意義上「習慣了」，就會對於原本應感到害怕的事物變得遲鈍，並可能因此引發事故。

像這樣受困於情緒的狀況，愛比克泰德評斷為認知上的錯誤。因此，想要擺脫不安或悲傷的方法，就是**徹底自我反省「自己抱持著什麼樣的想法」**。

在這個章節中，愛比克泰德直接舉「死亡」為例。

死亡絕對不可怕，否則蘇格拉底也會這麼想。不如說我們對死亡的想法——「死亡好可怕」——才是恐懼的真面目。

對於這段話，各位讀者有什麼想法呢？

想必應該有很多人會想：「不，死亡才是最恐怖的」。只要心智正常，不會有人自豪自己是不死之身。正因為如此，大家才會考慮自己的年齡與健康狀況買保險、事先買墓地或塔位，做好事前準備。

然而現實中，我們不可能有死亡體驗。只要不是以比喻性質說「我已經死了」，就不可能以第一人稱體驗到「我死了」。瀕死經驗也只是「差點死了」「鬼門關前走一遭」，並非真正的死亡。

換句話說，**「自己的死亡」只能是一種可能性**。所以對於自己的死，端看個人心態（加上年齡、健康狀況、境遇、家庭關係等要素）可能會感到恐懼、嫌惡，或是將其視為恩賜。

若想駕馭步步逼近的「可怕死亡」，關鍵在於審視自我。倫理學家蒙田（Michel de Montaigne）便以西塞羅的話為例，大聲疾呼**「哲學即是為死亡做準備」**。

蘇格拉底在七十歲時，於雅典民眾法庭被宣告死刑，卻一點也不畏懼死亡。據說直到執行死刑前一刻，仍舊樂於跟弟子們討論哲學，甚至拒絕摯友克里同辛苦安排的逃獄準備，一口飲下毒藥。

對蘇格拉底來說，「死亡」是沒有任何感覺的狀態，彷彿以沒有做夢的熟睡狀態度過一夜，或是自身體解放的靈魂從地表移居冥界般，毫無任何壞處。他相信不論是生前還是死後，善良的人必定有眾神保佑，而且絕非毫無根據的盲從。

斯多葛學派的哲學家也以蘇格拉底的境界為典範，視「毫無恐懼地迎接死亡」為人生理想目標。

第9話「絕不原諒澤尼姆斯那傢伙！」

……他竟然這麼說！
你不覺得很過分嗎！
嗯？老夫倒不覺得……
而且你有被侮辱嗎？
你只是聽到澤尼姆斯在說傻話吧？
唔……也是可以這樣講啦……
如果你也能這麼想，就不會像現在這麼氣了吧？
……
聽好了，人並不是因為發生的事而感到心煩，
你應該是不可能……
到時就買你來當奴隸養
被侮辱了！
不過是傻話
是因為自己對事情的想法而感到心煩。

真正侮辱你的，
是認為自己被侮辱了的想法。

記住，真正侮辱你的，不是罵你，也不是打你的人，而是認為自己被侮辱了的想法。要知道，若有人惹你生氣，那正是你當時的判斷讓你感到氣憤。

因此，首先你必須努力不被印象綁架。因為只要一次也好，若能有好好思考的時間與精力，克服自我的困難就是輕而易舉的事。

（《手冊》20）

無意識的「判斷」產生負面情緒

「憤怒」或「悲傷」等人類的情緒，雖然是屬於我們本身的感情，卻相當難以自我控制。一旦被旁人一句難聽的話激怒，心中的怒火便難以平息。失戀時，即使朋友安慰自己「打起精神來」，要重新振作也相當不容易。

愛比克泰德表示，在這些情緒之前的是「判斷」。

比方說，被人說是「笨蛋」時，可能會感到憤怒，也有可能了然於心。跟朋友分享以前的失敗經驗而被說是「笨蛋」時，應該不會覺得生氣吧？因為自己能區分，這句話是針對過去，並非現在。

從這點來看，可知情緒不同於本能性的渴求，而是伴隨著一定的理解與知性。如果被人拜託「你可以生氣一下嗎？」也不可能馬上發怒，但若是突然被推開，因而判斷受到不合理的暴力對待，不管是誰都會生氣。

不過，要是該行為有正當理由（像是為了避開危險而不得已推開等），並能接受對方的解釋，怒氣就會馬上消失。

簡單來說，負面情緒是自己在無意識中，基於自己的「判斷」而產生。

如剛剛的例子所示，只看外在的行動很可能會誤判情勢，導致無端對他人發怒。

人們所有的行為都有其動機，乍看無禮的行為，說不定並非出自惡意。試著仔細想想對方為何這麼做，有時便能發現相對應的原因。

再來看看下面的例子：桌上放有一張紙，從不同方向看，形狀就不同。雖說是張長方形的紙，斜看時是平行四邊形或梯形。也就是說，依視角不同，這張紙會呈現不同的形狀，因此不可將目前看到的樣子視為絕對。

我們不應該將目前自己（的視角）看到的表象視為絕對，而是試著想像可能有其他看法，並加以檢討。能想到各種觀點的想像力，才能抑制憤怒，培養對他人的寬容。

沉浸於自己的情緒，看似是因他人的作為所造成，實際上是被自己既定的判斷所困，同時也是自己埋下壓力的種子。

第 10 話「我真是沒用……」

欸，澤尼姆斯，你怎麼了？
就是剛剛在宴會上……
你是說打翻葡萄酒的事嗎？
澤尼姆斯，你不用那麼在意啦。
不管是誰都會失敗吧，
這世界上有不會失敗的人嗎？
數週後——
唉呀，尼烏斯，你怎麼了？
我……真是沒用……根本沒藥救了……
嗯？
我昨晚不小心打翻了宴會上的宴客料理。

尼烏斯，老夫問你……
你前一陣子是對澤尼姆斯這麼說的嗎？
「澤尼姆斯，你真是沒用，真的沒藥救了。」
不是……
那你回想看看你說了什麼？
應該也可以套用在你自己身上吧？
說的也是呢……
聽好了，尼烏斯，
人有時對他人可以下正確的判斷，
但換成自己就不行了。
你必須要重新審視對自己說的話。
是……

你的酒杯破掉時，
必須採取他人酒杯破掉時的態度。

我們能從彼此都認同的事學習到自然意志。比方說，別人家的奴隸小孩不小心摔破酒杯時，你會馬上說：「這種事很常見」。既然如此，你就必須知道，你的酒杯破掉時，就必須採取他人酒杯破掉時的態度。

那麼試著將這個原則，套用在更重大的事情上吧。聽到他人的孩子或是妻子過世，通常都會安慰道：「身而為人，這也是沒辦法的事」。然而不論是誰，在自己親人過世時會馬上說：「啊——我真悲傷」等。我們必須想起，當我們聽到他人發生這樣的事，我們是什麼樣的心情。

（《手冊》26）

如看待他人事情般看待自己的事

聽到朋友或熟人抱怨時，各位是否也曾想過「用不著那麼在意吧」呢？

舉例來說，聽到朋友灰心地表示：「孩子都不聽話，我快失去當父母的自信了……」時，雖然我們會為對方擔心，但相較之下也能冷靜地想，「說實在，小孩子不就是這樣嗎」。

或是聽到同事說「這筆生意被我搞砸了，真叫人沮喪……」，我們可能也會心想，「雖然很遺憾，但工作難免會有一、兩次失敗」。

具體的例子不勝枚舉，不論是多麼悲慘、嚴重的事態，只要站在第三者的立場冷靜看待，就不容易被情緒牽著走。

然而，一旦自己成為當事人，反應就有一百八十度的轉變，沒辦法意識到「這種事很常見」。

這是因為，只要自己成為當事人，視角就會暫時僵化、無法轉換。也就是說，**變得只能從自己當下的視角觀看世界**，無法冷靜看待事情，導致產生憤怒或憎恨的情緒。

愛比克泰德對於這樣的反應差異提出了疑問：「為什麼不能像面對他人的不幸般面對自己的不幸？」

理論上，的確就像愛比克泰德說的一樣，然而一旦被問及是否能夠做到，就讓人不禁想反駁，在自己身上的切身感受跟別人的事不同。

但若放任一時的情緒沸騰，我們的視野就會變得極度狹隘。而且要是長期被這樣的負面情緒糾纏，甚至會影響精神層面的健康。

那該怎麼做才能實際運用愛比克泰德的教誨呢？

重點在於，**盡可能以看待他人事情的方式來看待自己的事**，情緒的浮動就會變小。

我們時常聽到「要當作是自己的事情一樣思考」的訓誡，但有時像愛比克泰德一樣，反過來以旁觀者的角度來思考事情，說不定就是客觀審視自我的最佳訓練。

第 11 話「重要的東西」

喂！
你差一點就害我弄掉了！
真是的，要是壞掉怎麼辦？
喂喂，
發生什麼事了？
這傢伙突然撞過來，
害我差點弄掉重要的東西！
就是這個啦！這個！
是我父母的遺物。
喔，是陶製品啊。
澤尼姆斯，老夫懂你的心情……
不過你先看看那邊的花。

開得真漂亮，昨天明明還是花苞。
花怎麼了嗎？
澤尼姆斯啊，即便你用心栽培，那些花能夠一直盛開，都不會凋謝嗎？
咦？不可能吧，花本來就會謝啊。
沒錯，因為我們知道這件事，所以就算花謝了，我們也不會悲傷不已。
澤尼姆斯啊，別忘了你現在珍視的事物，在成為雙親的遺物前，原本是什麼樣的東西。

如果有珍惜的東西，
試著說出那個東西的本質。

記住，如果有吸引你，或是能幫助你、讓你珍惜的東西，試著說出那個東西的本質，從微不足道的東西開始即可。

如果你很喜歡某個 Xútpa（用來煮水的陶壺），就試著說「我喜歡 Xútpa 壺」。只要這麼做，當這個壺壞掉，你也不會心煩、難過。如果你要親吻妻子，就試著說「我正在親吻凡人」。如此一來，妻子過世時應該就不會傷心不已了。

（《手冊》3）

防患未然的愛比克泰德式訓練

希望自己珍惜的東西能夠恆久不變是人之常情，但是在現實中，這當然無法順心如意，因為有形之物必定會毀壞，我們總有一天會與相愛之人離別。

所有人都明白這道理，但在冷酷的現實與虛幻的願望之間，我們仍不斷被失去的悲傷撕裂。

愛比克泰德認為應排除這種折磨人的悲傷，同時也認為我們可以排除悲傷。以他的想法來說，之所以會悲傷並非世界荒謬，而是**人類的心態扭曲了**。自然發生的事物沒有好壞，只要能正確看待一切，就不會產生讓人心煩意亂的激烈情緒。

不過，想達到這種境界需要花時間練習。

這裡，愛比克泰德建議的是每個人都能做到的意象訓練。從自己身邊的小東西開始即可，對著自己喜歡的東西，特意說「我很喜歡這個」給自己聽。這樣就能再次想起那東西的本質，也就是容易壞掉、隨時都可能會失去的理所當然的事實，於是便能面對殘酷的現實。

這種訓練方式十分奇妙，應該不會有人這麼做，而且也不會有人想到要這麼做。

但據說古希臘哲學家阿那克薩哥拉（Anaxagoras）在聽聞兒子死訊時，平靜地表示：「一開始我就明白自己有了會死亡的孩子」。

講述這段軼事的古羅馬西塞羅也表示：「被視為不好或不幸的事，來得越是突然就越悲慘。因此，先做好心理建設或準備，對於被留下的人來說，有助於緩和痛苦與悲傷。人們必須預想任何事情都可能發生，發生事情時不退縮、事情發生之前先預想任何事都可能會發生，那才是傑出的智慧」。

話雖如此，現代人面對重要的人死亡時，實在難以說服自己「不需要感到哀傷」，會想為此訓練的人應該也不多吧。

不過，**光是想像重要的人事物，甚至是自己總有一天會消逝，就能改變面對這件事的方式**，也不會產生過度的執著。先預想隨時都可能會失去，不僅能在「發生萬一」的時候勇敢面對，也有助於我們好好享受「現在」。

第12話「離別的父母」

唉~真想見見他們……
嗯？你在說誰？
我的父母。
雖然已經見不到他們，
但看到澤尼姆斯的父母遺物又突然想起……
我的父母是平民的奴隸。
我在成年後被賣到奴隸市場，
所以只能跟父母告別。
爸爸~
媽媽~
兒子啊~
如果之前的主人沒有把我賣掉，
就能一起生活了……
感覺就像被之前的主人奪走雙親一樣。
尼烏斯啊，手伸出來一下。
咦？

你的手上沒有東西。
老夫給了你一顆石頭，
所以你手上有了石頭。
老夫跟你要回石頭，
所以你手上又沒了石頭。
尼烏斯，你覺得是老夫奪走了你的石頭嗎？
不會，我不覺得。
聽好了，尼烏斯。
你的父母原本也都是神賜予你的。
但是啊尼烏斯，
神也能不賜予你這些東西。

不論發生什麼事，
絕不要說「我失去了它」。

不論發生什麼事，絕不要說「我失去了它」，反倒要說「我還回去了」。

你的孩子過世了嗎？那是被拿回去了。

你的妻子過世了嗎？那是被拿回去了。

我的地被人搶走了。不對，那也是被拿回去了。

搶奪的傢伙是壞人，但賜予我們的祂（神）要透過誰向你要回去，跟你沒有關係。

只要你仍受到賜予，你的確可以加以珍惜，但必須視其為他人之物，猶如旅人看待旅舍一般。

（《手冊》11）

不是「失去」而是「返還」

在人生所遭遇的各種不幸中，什麼是最殘酷的？

如果有人這樣問，「與相愛之人死別」必定是名列前茅。

羅馬皇帝馬可．奧理略受到愛比克泰德莫大影響，他與皇后間雖然有幸得子，但多數夭折，十四人中僅六人順利長大成人。

現代的醫療技術雖進步，使得嬰幼兒死亡率大幅降低，但失去孩子的情況絕不罕見。反倒因為周遭這類事例越少，對父母親的打擊也越大。

死亡帶給人的悲傷，會隨著與故人生前關係的親密程度成正比，家人的死亡，尤其是年輕妻子的死亡最令人感到痛苦。

離別的對象並不僅限於人類。

對有養寵物的人來說，最為難過、厭惡的經驗是飼養動物的「死亡」。也有可能是自己每天愛用的物品損壞，即使是沒有生命的東西，對不少人而言也彷彿是自己軀體的延伸。

人生由各種相遇與離別組成，即使不會馬上感受到相遇的喜悅，卻會直接感受到離別的悲傷。

但愛比克泰德對於「離別」則提議極致的觀點轉換。

他認為不是「失去」，而只是「**將得到的東西返還**」。

那究竟是誰給予了我們這些東西呢？

愛比克泰德的答案是「神」。

要對現代人提出「神」的存在可能不容易，置換成「自然」或「宇宙」也不見得會被接受。

不過這裡要表達的是，對於「擁有」這種思考方式從根本進行的觀點轉換。

我們擁有的東西，打從一開始就是屬於身外之物，**終究存在著失去的可能性**。

當然，自己的土地被暴力搶奪，或是被詐欺騙取——放任這些掠奪橫行，便說不上是一個法治國家。這些行為是犯罪，必須受到制止。

另一方面，即使住在多麼讓人安心又安全的世界，包括動物或物品，也並非永恆的存在，因此無法避免失去。我們總有一天會失去擁有的東西。

一旦我們認定自己「失去了」，心中就會產生莫大的空虛感，難以從悲傷中重新振作。

此時，如同愛比克泰德所提議，只要將自己的家人、生命，更不用說財產等，不視為自己擁有的東西，而想成是**「暫時借來的東西」**，就能以嶄新的視野看待人生。

義人（正直、高尚的人）約伯（Job）因天災與掠奪而失去了財產與家人，他也敘說如下：

我赤身出於母胎，也必赤身歸回；
賞賜的是耶和華，收取的也是耶和華。
耶和華的名是應當稱頌的。（《約伯記》1．21）

神並非只會賜予福報，從我們手中收回所有的也是神。

面對這樣殘酷的現實，愛比克泰德的立場較接近東西方典型的宗教觀。

基督教中將人類視為「現世的旅人（Homo Viator）」，有趣的是，愛比克泰德也提議效仿旅人的作為，這也是基督徒及佛教徒同樣喜好閱讀愛比克泰德著作的原因。

第 13 話「充滿快樂的人生幸福嗎？」

他是個麵包師傅。
某天，他受到老夫前主人的邀請，第一次去競技場。
他打從心底感到快樂。
於是他漸漸把工作丟在一旁，三不五時往那裡跑。
尼烏斯啊，你覺得他得到了什麼？
應該就是「樂趣」吧？
一般會這樣想對吧？
但他得到的是積滿灰塵的窯爐與萬分的後悔。
尼烏斯啊，這樣你懂了嗎？
快樂也會產生樂趣以外的東西喔。
是……我以後會對快樂更加小心。

明白遠離快樂能讓你有多高興，
且能因此讚揚自己。

當你對某件事抱持著關於快樂的印象，跟其他狀況相同，你必須好好檢視自己，不要被印象綁架。不妨先擱置那件「快樂的事」，給自己一段猶豫期。

接著試著想像兩個時間，一個是你享受那個快樂的時間，另一個是享受後自我責備的時間。試著比較這兩個時間，你就能明白遠離快樂會讓你多高興，並且能稱揚自我。

即使你認為那是進行那件「快樂的事」的絕佳機會，也務必要好好注意，不要讓那份誘惑與魅力征服你。倒不如比較看看，你自己戰勝快樂的自覺有多麼甜美。

（《手冊》34）

比起眼前的快樂，不如每天一點點的辛勞

愛比克泰德遵循斯多葛學派的傳統，將不好的情緒分為「恐懼」「痛苦」「欲望」「快樂」四大類。對他而言，理想的境界是「不被過度的情緒牽著鼻子走、不失去自我」（無欲心境）。

有趣的是，這裡將「快樂」歸在不好的情緒。

之所以要刻意遠離快樂，是因為人類總會追求享樂，**並因沉浸於快樂而迷失自己應該前進的方向**。

我們並非只有受到過度的痛苦或恐懼折磨時才會感到苦惱，因此，我們需要說「等一下」——**與對象保持距離感的冷靜態度**，而不是因為開心而馬上樂在其中。光是享受美食而不運動，總是輕鬆過生活，終究會影響健康。

如果不斷追求快樂，將來反而必須承擔更大的痛苦。然而我們雖然心知肚明，卻不禁視而不見。

所以愛比克泰德教導，**選擇現在承擔一點點的痛苦，便能避免將來莫大的苦痛**。

俗話說「日積月累」，儲蓄或節儉的思考方式皆是基於此原理。選擇禁慾的生活方式，反而更能享受人生。

決定目標後毫不怠惰地慢慢努力，不斷累積辛勞後終於成就大業的喜悅，是與享受美食等感官上的快樂完全不同的體驗。「成功了」「完成了」的成就感能使人產生極大的自信心；相反地，被快樂牽著鼻子走而沒完成該做的事只會讓人後悔。

愛比克泰德要說的便是，比起眼前的誘惑與魅力，發現自己已經戰勝快樂的自覺更甜美。

第 14 話「不想做的工作」

唉～我要陪主人去浴場……
那不是澤尼姆斯的工作嗎？
那傢伙生病了。
尼烏斯拜託你了
喔，原來是這樣。
唉～總覺得心情好沉重。
為什麼？
你不是已經不怕主人了嗎？
是這樣沒錯……
但畢竟是那個主人……
哼
喂，好好看著，不要讓東西被偷！
是。
我不就是為此而來的嗎？
喂，你有好好看著吧？
是。
所以說東西沒有被偷啊。

感覺他常常莫名其妙生氣……
但我又不能不去。
尼烏斯，你這樣不是很棒嗎！
我哪裡棒了？
你已經先設想各種可能會發生的情形了。
咦？嗯……
就算那些事真的發生了，
只要事先做好心理準備，
心情就不會變得那麼差。
這樣等你回來時，老夫也不用聽你抱怨了。
哈哈哈，說的也是呢。

絕對不要說

「我從沒有這麼辛苦過」。

要前往拜訪某位權貴人士時，先試著想像以下的狀況。對方不在家（因為不在），所以你被趕了出去，大門在你面前重重關上，對方完全無視你。

如果即使會遭到這般不愉快的對待，你還是得去，那就去吧。忍受在那裡發生的事，絕對不要對自己說：「我從沒有這麼辛苦過」。因為會說這種話的人都是十分庸俗的，而且也是會對自己外部事物感到憤慨的人。

（《手冊》33 1、12～13節）

事先做好心理準備，讓人生中的「不愉快」減少大半

羅馬帝國時代，在元老院議員、高級官吏、富裕農家等權貴人士（Patronus）下的被庇護者（Clientes），前往其住處商量事情或表達訴求為當時十分普遍的常規。

然而跟現代不同，當時無法用電話或郵件確認對方行程，所以花費數日從遠方前來對方卻不在家，甚至為此等候好幾天是常有的事。

有時須前往自己庇護者（Patron）以外的權貴人士住處請願時，受到看門人或僕人無禮對待，或是以方便聯繫為名目要求賄賂似乎也不少見。

這種時候，不禁會想為何自己要受到這種對待。即使是在現代，或許身邊也意外地有不少類似情況。

愛比克泰德對於這種不合理的狀況表示：「當自己選擇進行某種行為，先試著設想會遇到何種令人不愉快的事」。不願去想「討厭的事」為人之常情，所以愛比克泰德的勸戒反而與日常生活逆行，是一

種意象訓練。

雖說討厭的事不做即可，但有時再討厭也「必須去做」。

既然如此，我們也只能接受，只有「忍受一切」的選擇。不對突如其來的無禮舉動感到憤慨，而是**事先預想好會受到這種對待並做好覺悟，也比較容易忍下來。**

先在心裡這麼想，絕不發出任何不滿，也不因憤怒引出自己的負面情緒，默默完成自己必須做的事即可。隨之產生的痛苦或不愉快，也可理解為伴隨義務而生的必須成本。

不論是什麼事，只要有人的因素存在，就不見得都是開心的事，不如說難過、痛苦的事占了大半。但若被這些負面情緒困住，便可能變得自暴自棄。

所以，最好是先設想可能的風險，認為發生不合理的事也很正常。即使遇到討厭的事，如果「跟我預想的一樣」就再好不過了。這種內心的從容，也會變成自己成長的活力來源。

第3章

擺脫人際關係的束縛

第15話「夫人真的是討人厭的人嗎？」

如果監督者不在會變怎麼樣？
嗯……奴隸們的紀律會變差，工作也無法順利完成。
既然如此，夫人對你來說有壞的一面，但你不覺得也有好的一面嗎？
講話很難聽
討厭的人
壞的一面
指揮奴隸們的人
好的一面
尼烏斯啊，人不禁會被壞印象牽著走，因而看不到對方好的一面……
好的
若是你以「我受傷了」，這種偏頗的先入之見看對方，反而會讓你自己不斷煩惱。

認為「我受傷了」時，
你才是真的受傷了。

何謂適切的行為，端看所有場合中彼此的關係而定。這個人是（你的）父親，所以（你）要照顧他，在任何事情上讓步，被罵、被打也會忍耐。

「他真是個糟糕的父親」。但你原本就是以單純的「父親」跟他有所連結，而不是以「好的父親」。

「我的兄弟有不正當行為」。那就確實守護好你做為兄弟的立場。不要關注他實際上做了什麼，不如將目光放在你必須怎麼做，才能讓你的意志處於自然狀態。

因為只要你不如此希望，他人就不會對你造成傷害。然而，當認為「我受傷了」，你才是真的受傷了。所以若你能夠熟稔於仔細觀察彼此的關係，不論是面對市民、鄰居、將軍，你都能找出適切的行為對待他們。

（《手冊》30）

偏頗的先入之見，會延長人際關係的煩惱

無論是在家庭、職場、學校還是跟鄰居之間等，這些會產生人際關係的地方，必定有個性合與不合或喜好問題。

然而，必須跟令人憎惡的上司一起工作、必須服務討人厭的顧客、必須跟不好相處的前輩一起做事等狀況也不在少數吧。

日常生活中的煩惱或壓力，大多都是來自於這種人際關係。就算多少有些個人差異，沒有這類經驗的人也是相當稀少吧。

比方說，上司對自己的態度比對其他同事還兇，就會心想自己是否被上司討厭，而變得不想去公司上班。

或許對這樣的人來說，愛比克泰德說的「認為『我受傷了』時，你才是真的受傷了」聽起來可能像是勸大家放下心中的想法。

不過，若因為上司的態度感到受傷而不斷避開上司，也無法改善關係。只會讓自己不斷煩惱。

愛比克泰德真正的意思，是指不能只看他人一部分的言行就輕易判斷「我跟這個人感覺合不來」。這邊也希望各位注意到，愛比克泰德加上了「若你能夠熟稔於仔細觀察彼此的關係」的條件。也就是說，他是在問：**「你是否已盡力捨棄自己的先入之見，仔細理解對方以及彼此間的關係」**。

就算是每天見面的人，我們也並非從小看著這個人長大，但我們卻只憑「他（她）在那時候這麼做」的印象喜歡或討厭對方。而且一旦評斷為討厭或不好相處，之後便很難以客觀的眼光看待對方的行動，結果就會看不到對方好的一面，更加難以改善關係。

我們究竟了解自己公司的上司、同事，或是朋友、家人等周遭的人們到何種程度呢？是否只因為平常都會見面，而自以為了解對方的一切呢？

為了找到線頭以解開打結的人際關係，不妨試著重新自問「我跟這個人是什麼關係」。**藉由暫時排除對於對方的先入之見，重新審視彼此的關係**，應可發現「再也不跟這種傢伙來往」之外的結論。

第16話「不想被大家討厭……」

尼烏斯啊，為何你要無視自己的意志，一直在意著他人的意志呢？
為什麼主動將原本的自由，刻意弄得不自由呢？
尼烏斯啊，假設你的面前有兩條道路。
好。
你有辦法同時走這兩條路嗎？
不……我沒辦法。
現在你的面前有兩條道路。
一條是順著自己的意志前進，
另一條則是照著他人的意志前進。
你會選擇哪一條路呢？
自己的意志
他人的意志

只要自己認同就好，
這樣就足夠了。

如果過於期望受到某個人喜愛，目光持續向外看，你就毀壞了自己的計劃。所以不論是在什麼情況下，都要滿足於你實際上是哲學家的事實。但若你甚至期望被認同是哲學家，只要自己這麼認同就好，這樣就足夠了。

（《手冊》23）

過度尋求他人認同，會讓我們變成奴隸

不管是誰，內心都會期望受到他人的喜愛。化妝或穿著，一開始是源自於「不失體面」的儀表或禮節，但進一步積極打扮自己，讓自己更好看、更漂亮，也都是因為在意他人的目光。

另一方面，我們能夠依照自己的意志愛他人，卻無法讓別人愛自己。若能彼此相愛當然沒話說，但就算自己再喜歡對方，也不保證對方能同樣喜歡自己。

在各種情況下的想被愛、想被喜歡、想受到青睞等願望也可歸納為「尋求認同」。

雖然這的確是人類極為自然的欲望，但無法實現這份願望時，人們會感到悲傷、受挫或放棄，並且不得不深刻感受到人生的殘酷現實。

而這種欲望若是過於強烈，便會產生一些問題。想要不計一切代價讓別人喜歡自己的瞬間，人就會變成奴隸。於是不知不覺中，**自己的行動原理就被掌握在他人手裡**。

對上位者畢恭畢敬是無妨，但也有人對公司上司、學校老師或權貴人士過度卑躬屈膝或諂媚。總是看他人臉色過活就是奴隸的最大特徵，因為必須隱藏自己的情緒或好惡，總是隨主人的心情東奔西跑，終究會變得表裡不一、雙重人格、機會主義者、牆頭草……簡而言之，就是會變成「沒有特色的人」。就這層意義而言，奴隸制也無法完全說是古代的遺物，現代社會的各處也依然存在著奴隸制。

愛比克泰德誕生於奴隸家庭，年輕時期當然是以奴隸身分過活。或許也是因為這樣，在奴隸身分告終、被主人解放後，他才會自發性地追求「真正自由的生活方式」。

因此愛比克泰德教導，「只要自己認同就好」，別受他人左右。他的意思是：**不要因過度在乎他人評價而迷失自我，要掌握真正的自由。**

不論在工作或私人生活上，多少都會有被他人誤解，或是評價與實際狀況不符的情形。但是接受這種誤解或過低的評價，不滋長「希望別人這麼看自己」的欲望才是最重要的。這點正是愛比克泰德所說的「哲學家」本領。

第 17 話「路邊的醉漢」

愛比先生，我剛剛出門買東西，
結果看到這樣的人。
竟然因喝得爛醉而睡倒在路邊，真是邋遢耶。
如果那種人是主人，我才不想侍奉他。
吶，尼烏斯。
他真的是個邋遢的人嗎？
一定是吧。
對了……老夫以前的主人也曾經那樣。
經過的人看到他這樣，也都說他是個邋遢的傢伙。
對嘛，你看吧。
但是啊，鄰居們沒有任何一個人說他閒話。
咦？為什麼？

因為鄰居們都知道，
那天的前一晚，他的愛妻過世了。
聽好了尼烏斯，人在行動前都有其想法——因為這麼想所以這麼做。
實在無法承受這股哀痛……
若不知道他人基於什麼想法而行動，就無法判斷其好壞。
尼烏斯啊，老夫再問你一次。
你剛剛看到的人，真的是個邋遢的人嗎？
不……我不知道，
他只是個睡在路邊的人而已。

在還無法確實判別當事人想法時，
我們無法知道那是否真的不好。

某個人洗澡很快，不可說「他洗澡的方式不好」，要說「他洗澡很快」；某個人喝很多酒，不可說「他喝酒的方式不好」，要說「他喝很多酒」。

因為在還無法確實判別當事人想法時，我們無法知道那是否真的不好。只要能如此慎重，就不會發生自以為對某件事實掌握了可能的印象，卻贊同不同情形（價值）的奇怪狀況。

（《手冊》45）

寬容他人的行為

古代羅馬人跟日本人一樣，都很喜歡大浴場。不僅是首都羅馬，整個帝國各地都有大規模公共浴場（Balnea）或溫泉（Thermae）。與其說像以前日本的錢湯，不如說是規模再大一些的休閒中心。現在羅馬市內依然保留著冠有「卡拉卡拉（Caracalla）」或「圖拉真（Trajan）」等皇帝名稱的浴場遺跡，英國的巴斯（Bath）及德國的巴登（Baden）等地名也是保留了其影響。

洗澡並不是儀式，而是個人行為，所以會有快慢等個人差異，有人洗戰鬥澡，也有人是慢慢享受。根據紀錄，似乎也有人幾乎一整天都待在浴場裡。

但是，快速洗澡就跟快速剃鬍子一樣，容易有沒清乾淨的地方。所以在大家使用的公共浴場洗戰鬥澡，難免會使愛乾淨的人皺眉。

其他會讓人忍不住想說「他洗澡的方式不好」的情況，應該也不難想像。而且在現代，不論是何種情況，他人採取了跟自己不同的行動時就會讓人不愉快。

住在同一棟大樓的居民間，若時常聽到有人說「那一家倒垃圾的習慣很差」，也會成為日常生活中的壓力來源。其他還有許多類似情況不勝枚舉，像是夫妻間抱怨「都不好好整理房間」「都不積極幫忙照顧孩子」，朋友間說「都不遵守時間」「愛放人鴿子」等。面對這些事實，我們往往會自然而然地直接批評好壞。

不過反過來想，我們是依什麼來決定他人行為的好壞呢？

關於這點，行為當事人有何意圖，其動機及目的至關重要。既然如此，我們就不應只看他人行動的表面，沒有確實看穿其意圖，就輕易判斷其行動的好壞。

確實，某人的行為惹得周遭人不快是事實，但直接立即對其行為全面性地做出「差勁」的定論是對的嗎？愛比克泰德站在常識之前所提出的疑問，實際上非常單純。

有時說不定是有什麼不得已的隱情，也有可能彼此習慣不同，或是沒有受過禮儀方面的教育。

不論如何，若是因某種「無知」所導致的不適切行動，就有其他必須考量的情事，或是當事人反省即可改善的餘地。我們必須反省看到某件事就立即批評的態度，確實區分事實判斷與價值判斷。**問題並非行為本身，而是在於行為者的意圖及動機**，愛比克泰德便是以「判別當事人想法（dogma）」這種說法來表現。

同樣的道理其實也可套用在我們的五感上。

我們的心，透過感覺或記憶產生各式各樣的印象。房間感覺有點熱、窗外的太陽很刺眼，或是現在口中的咖啡有點苦，抬頭看時鐘正好指著下午兩點。

這些各種「印象」，大多看似直接反映出事實，實際上並非全部皆為真實。

還有被稱為「錯視」「錯覺」，一個不小心就會被誤導的假象。將棒子傾斜放入盛水的杯子中，看起來就像斷掉一樣；聲音由小慢慢變大，就會讓人不禁想像有東西正在靠近。

對於平常我們沒有特別意識到的感覺、想像、判斷，愛比克泰德會像這樣重新以反省的觀點審視，並建議先止於掌握事實，再慎重地下好壞的價值判斷。

不論是過去或現今，若能擁有正確認知、足夠慎重以免陷入錯誤的快速判斷，就是能避免我們濫用獨善其身的正義感，並能對他人行為寬容的祕訣。

第18話「相當於零用錢的東西」

尼烏斯啊，
你討厭像澤尼姆斯那樣，不想做一樣的事，
但又想拿零用錢，
不會太貪心嗎？
……
話說回來，你認為自己沒有相當於零用錢的東西嗎？
我的確什麼都沒有啊……
你在說什麼啊！
你不是有嗎！
對不想拍馬屁的人就不拍馬屁，
對不想奉承的人就不奉承，
你不是擁有這樣的**自由意志**嗎？
咦……
他是以此交換而獲得零用錢的。

不做跟他人同樣的事，
就不可要求同樣的東西。

記住，想得到「我們無法掌控的事物」，若不做跟他人同樣的事，就不可要求同樣的東西。

【中略】

某人舉辦的宴會，只有你沒受到邀請嗎？那是因為你沒有向主辦人支付餐飲的費用。主辦人是以獲得好感、關照為報酬來販售食物，如果你認為那樣很划算，支付相對應的代價即可。若你不願支付代價又想得到眷顧，就是貪心的愚者。

話說回來，你認為自己沒有相當於食物的東西嗎？沒這回事，你不用討好自己不想稱讚的人，也不用忍受屋子入口處侍者的無禮對待，不是嗎？

（《手冊》25）

這個世界其實並沒有「不公平」

在社會或學校，甚至是家庭中，只要有人際關係的地方，我們就會跟同立場的人比較，而產生「是不是只有自己被刻意疏遠」「自己是不是被討厭」「自己是不是被差別待遇」等被害者意識。

本篇引用的文章，想必是愛比克泰德對有過這類經驗而抗議世間不公平、不合理的人們，所講述的訓誡。在羅馬社會，每天早上被庇護者為了商量事情或表達訴求，而前往擁有財富與地位的庇護者住處為當時的常規（參照第124頁）。

來訪者們到達主人的家後，首先會在玄關內的中庭依先後順序等待，輪到自己時便由奴隸身分的侍者伴隨前往辦公室與主人會面，可以想成是現代醫院的等候區與診間。

在當時，如果等半天都沒輪到自己，或是後來的人比自己先進去，任誰都會覺得「同樣都是被庇護者真不公平」「那傢伙待遇比我好」「為什麼我被差別待遇」而感到不滿。就算是在現代，我們日常生活中也會遇到婚禮要邀請誰、出門旅遊的紀念品要給誰等問題，並因此區分出自己的熟人。

不過，愛比克泰德以十分冷靜的態度教誨了這些對這種「不公平」抱持不滿與失望的人。

不論是公司上司、同事或朋友，自己會不會受邀，或是否被列為給紀念品的對象，都要看自己之前的作為。也就是說，這就像商品買賣，**是行為與恩情的交換**。

比方說，某個人拿到了紀念品自己卻沒有拿到，表示那個人不管是服務或是奉承上，應該都曾給過對方贈禮或是在業務上盡心盡力。換句話說，自己之所以沒拿到紀念品，是因為**沒有跟拿到的人採取同樣的行動**。

若是如此還抱怨「我沒拿到紀念品」的人，就會被愛比克泰德分類為貪心又愚笨的人。那就像是在餐廳前，沒付錢還抱怨「沒吃到東西」一樣。

以紀念品的例子來說，這裡有趣的是，愛比克泰德更進一步提問「沒有拿到紀念品的人，真的什麼都沒得到嗎？」他表示沒這回事，沒有拿到紀念品的人，**就不用討好自己不想稱讚的人**，不是嗎？

就算遇到乍看之下不合理的待遇，也請試著回想起愛比克泰德的思考方式。若跟某人比較而感到不公平時，就想想或許自己這樣就不用多做表面功夫，這樣就能使心靈變輕鬆了。

第 19 話「切也切不斷的關係」

唉呀？看你愁眉苦臉的，怎麼了嗎？
嗯~
嗯……是關於負責看門的那對兄弟。
兄
弟
啊，你是說感情很好的那一對。
其實是哥哥霸占了弟弟的薪水，
有這些我就自由啦！
結果好像被弟弟發現……
那種人才不是我哥！
不可原諒！
現在兄弟兩人鬧僵了。
總覺得讓人看不下去，
在想不知道有沒有什麼好方法……
原來是這樣。
恐怕在弟弟眼中，
只看到哥哥是竊賊的一面吧。
咦？什麼意思？

尼烏斯啊，
他們的關係只
是竊者跟被害
者嗎？
不……
他們也是哥哥跟
弟弟的關係。
弟弟可能忘了
對方也是自己
兄弟的那一面
吧。
之前也曾跟你
說過吧？
如果被壞的一面困
住，就會一直為人
際關係苦惱。
是……
而且若是「家人」
的情況更是如此。
跟外面認識的人不同，
血緣關係不是那麼容易
就能斷。
偷竊的壞傢伙
無可取代的存在
為家人關係而煩惱時，
不要以先入之見看對方
是更為重要的。

如果手足有不正當行為，
不要只抓住「有不正當行為」的一邊不放。

所有事都有兩個握把（拿法），抓住一邊就能移動，抓住另一邊則否。

如果手足有不正當行為，不要只抓住「有不正當行為」的那一邊（因為這種拿法無法移動）不放。不如抓住「他是我的兄弟」「一起長大的夥伴」的另一邊，這樣就能將它拿起來移動。

（《手冊》43）

我跟那個人原本是什麼關係？

俗話說「血濃於水」，我們能選擇配偶或朋友，卻只有父母無法選擇，手足也是如此。如果處不來的對象是家人，可說是更加困擾。

古代文學作品中也有不少暗示血緣關係之難處的例子。《舊約聖經》中，哥哥該隱因忌妒而殺了弟弟亞伯，被視為人類最初的殺人事件（《創世紀》4・8）；最古老的希臘文學中，亦有赫西俄德（Hesiod）的訓誨詩（*didactic poetry*），用以訓誡弟弟沛爾塞斯（Perses）性格惡劣又怠惰，在遺產繼承上用不正當手段強奪哥哥的份，（《工作與時日（*Works and Days*）》）。

愛比克泰德的周遭，應該也有不少門徒有時會為血緣關係上的糾紛或訴訟，前來訴說種種不合理的事件。不管是今日或昔日，與個人喜好無關，最令人困擾的就是與家人間的關係，畢竟也無法說「我跟那傢伙處不來」。就算是現代，在報紙或週刊的人生諮詢專欄上，必定會有血緣關係問題的相關煩惱。

愛比克泰德對此則是以「兩個握把」為例。菜刀、匕首等，所有刀具都由刀柄與刀刃兩部分組成。還有毛筆、原子筆等筆記用具，或是棒球的球棒、網球的球拍等，都是其中一邊為握把，無法從另一邊握住。家人或朋友、職場上的同事等人際關係亦同，有其正確的掌握方式。若向對方要求超過原本的關係（握把的拿法），便有可能造成自己握住刀刃般的關係。

那究竟該怎麼辦呢？為此應試著思考「我跟他原本是什麼樣的關係」，**重新審視基本人際關係（握把的拿法）是非常重要的**。

根據愛比克泰德的說法，人們依彼此的立場可劃定「適切行為」的範圍。不論對方個性如何，依對方為自己的父親、兒子或是妻子，便可決定應該對他（她）怎麼做。只要想起這件事，就能解開打結的人際關係。

不以現在立場之單一角度看待，而是一併重新審視包括對對方的義務、恩情或感謝之念。將這些一起綜合考量，或許就能擺脫全面性的負面情緒，以不同的態度面對家人。

或許有人會問：「這樣真的就能解決問題嗎？」然而一旦我們的注意力都放在對方近來的印象上，往往會忘了以前的美好經驗。因此試著想起其他事，必定能對防止情緒失控發揮一定的效果。

原文的「移動」也可譯為「忍耐」，說不定愛比克泰德說的話同時也帶有這層涵義。正因為是切也切不斷的血緣，千萬不可貿然下定論。

第 20 話「都是那傢伙的錯！」

一旦發生討厭的事，人往往會立即評斷為不好的事。
啊～原來休息是這麼難能可貴的事～
要是那時沒有那件事我就不會發現了～
但之後該評價也可能會有所改變。
聽好了，尼烏斯。
事實就只是事實。
不要馬上隨之情緒起伏，而要只看事情的本質——
如此一來，就不會不斷怪罪對方，
或是過度責備自己。
說的也是呢

受教養之人，
不責備他人，也不責備自己。

自己變得不幸時，責備發生原因的他人，是沒教養之人做的事；責備自己，是剛開始受教養之人做的事；不責備他人也不責備自己，是有教養的人做的事。

（《手冊》5b）

責備他人是最幼稚的反應

遭遇事故或失敗，面對意料外的不幸時，正常人都會想怪罪他人。如「畢業論文寫不出來都是教授不會指導」「這樁生意談不攏都是上司的錯」等，逃避自己的責任，並轉嫁給周遭的人。這反應雖然很幼稚，但在某種意義上也可說是人類共通的心理傾向。

當然，有些場合也需要「追究責任」「查明原因」。如醫療事故或官僚的不作為等，為了實現社會正義而不放棄權利，選擇揭發的情況也不在少數。若讀過愛比克泰德的《語錄》，可知在他的私塾中似乎曾舉出這類事例，並實際讓學生回答、討論應當如何思考。

原文中寫的三種態度「**沒教養的人**↓責備他人」「**剛開始接受教養的人**↓責備自己」「**有教養的人**↓不責備他人也不責備自己」，便是在愛比克泰德的私塾中所實踐，顯示知性、德性發展過程的指標。

根據愛比克泰德的說法，決定一件事是幸或不幸，並非依照客觀的事實，而是視自身對其如何評斷。然而，大部分人不會發覺自己在無意識中下了主觀評斷。只要冷靜看待事情，就會知道，實際上可能無法單純歸咎於某個人，或是錯在自己。

學習哲學後發現這件事，並認為原因在於自己——跟只會怪罪他人的野蠻態度相較之下，或許可說是德性上的一大進步。但有趣的是，愛比克泰德將這個階段稱為「剛開始學習的階段」（剛開始受教養的人），認為**責備自己的態度是還學得不夠**。

為什麼呢？因為愛比克泰德認為，「責備自己」與真正的「反省」相似但截然不同。即使是一般認為不幸的事，也不過是事情的其中一個面向，或許還有其他的看法。只要過了一段時間，說不定會認為不幸或失敗有其意義，反之亦然。

不論如何，輕率地指責他人或自己，會妨礙我們正確的認知。因此，愛比克泰德的教育目標在於，即使身為當事人仍可冷靜關注事實，輕鬆站在**「不責備他人也不責備自己」**的達觀立場。

不過，「有教養的人」的態度並非意指「自己的不幸不是任何人的錯」，讓責任不了了之。若是愛比克泰德，必定會訓誡「縱容自己亦會妨礙我們認清事實」。**先將情緒放在一旁，僅接受純粹的事實，不慌亂也不隨之情緒起伏**。為了達到這般境界，第一步便可運用愛比克泰德的建議，「不責備他人也不責備自己」。

第4章

真正的成長是好好活著

第 21 話「真正的進步」

愛比先生，跟遇見你之前的我相比，我已經有點進步了。
喔～
傳染病或災害等……
我已經不會想避開自己無法避開的東西了。
因為知道他人的意志是他人的東西，
所以也不會再過度要求其他人了。
就算感到心煩，也知道原因在於自己的想法，
所以不會再隨便怪罪他人……
你看，我有進步吧？
的確是成長了呢。
但是
如果因此而驕傲，結果又會恢復原狀喔。
唔……

聽好了，尼烏斯
人類很難發現自己的驕傲、先入之見或偏見。
驕傲
偏見
先入之見
這些東西會讓我們無法正確認知事物。
我跟其他人的層次不同，
哼哼～
貴族中討厭的人特別多
驕傲
先入之見
偏見
沒有知識的人是沒用的人
這樣你真的能夠實踐之前學到的東西嗎？
為了避免這種情況，就必須要能自然而然地關注自己的心。
這才是在真正意義上的進步。
原來如此……我還差得遠呢。

猶如暗中埋伏的敵人般
監視著自己。

真正進步之人的證明——他不會譴責任何人；不會過度誇讚任何人；不會責備任何人；不會責問任何人。關於自己，絕不自詡為能者，也不誇耀自己所知。受到他人阻撓、妨礙時，則是責備自己（而不是對方）。

就算有人不斷稱讚他，他也會在心裡偷偷笑稱讚他的人。即使被人譴責也不找藉口。他就像剛康復不久的患者，直到完全恢復前，小心翼翼地行動，慢慢地來回踱步。

對於欲望，全靠自己擊退；對於迴避，僅限於「我們所能掌控的事物」中不自然的事物。對任何事都不執著於「絕對」。即使被認為愚蠢或無知，也毫不在乎。簡而言之，他猶如暗中埋伏的敵人般監視著自己。

（《手冊》48）

負面情緒的根源是「自我欺騙」

該怎麼做才不會陷入「自我欺騙」？

愛比克泰德的哲學正是在強調這一點。

或許各位不太理解「自我欺騙」這個詞。簡單來說，就是指「對自己有利的說法」。人類的內心都潛藏著自我認同的欲望，心中有著希望能肯定自己的無意識動機。因此，總是只歡迎讚美而無視批評，於是變成「只看想看的東西」，這就是自我欺騙的狀態。所以比起對他人的評價，對自我評價總是十分寬鬆。

那麼，為什麼愛比克泰德會說「不要陷入自我欺騙」呢？

因為**自我欺騙正是負面情緒的根源**。

所謂「對自己有利的說法」，就是不管有無先入之見或偏見都是抱持著錯誤的認知。在這樣的狀態下，無法正確辨別愛比克泰德的哲學核心——「我們所能掌控的事物」與「我們無法掌控的事物」。沉浸在自我欺騙中，就像是自己踏入泥沼般，結果將會受困於各種負面情緒。

該怎麼做才不會陷入「自我欺騙」呢？

愛比克泰德提出的驚人建議是：「猶如暗中埋伏的敵人般監視著自己」。**為了不陷入自我欺騙，更要十分警戒地監視自己**，這就是愛比克泰德的訓誡重點。

例如我們在日常生活中，時常會不分人我地做出許多評價。像是看新聞時貶低某個人、與好友聚會時閒聊對於某人的批評。對自己也會想著：「這期的業績很好，上司對我的評價應該還不錯吧」，在不知不覺中評價著自己。

就算一時之間無法停止這些習慣，應該也能夠檢討自己是以什麼為根據而給出評價，**是否帶有先入之見或偏見**。當能察覺到自己的偏見，就是邁向成長的第一步。

我們平常不太會檢討自己的偏見或缺陷，但正因為是處於資訊量大到跟古代無從比較的現代，愛比克泰德的訓誡才更能發揮其真正的價值。

第22話「可自豪跟不可自豪的東西」

尼烏斯
老爺爺
你們看，很好看吧！
是主人給我的，很貴喔！
很棒吧！
澤尼姆斯真厲害耶，
哪像我，沒有半點能自豪的東西。
你在說什麼啊，尼烏斯。
你不是也有可以自豪的東西嗎？
咦？
你不是前陣子才自豪地說
「我已經有點進步了」嗎？
啊，對喔
尼烏斯啊，人能自豪的只有真正屬於自己的東西，
不是自己的東西再自豪都沒有意義。

人們都會以自己的地位、名譽、財產、身體、容貌等東西為豪。
哼哼~很厲害吧~
40 年後
我自豪的肌肉……
但是啊，那些真的能說是「真正屬於自己的東西」嗎？
你時常思考並判斷浮現在心中的各種事情吧？
是我們所能掌控的事物嗎？
還是我們無法掌控的事物？
這樣的意志才是自己唯一能左右的事物，也是「真正屬於自己的東西」。
尼烏斯啊，老夫再問你一次。
你有能對人自豪的東西嗎？
有的！
當然有！

不可說「我有匹漂亮的馬」。

不論是什麼東西，都不可因他人的長處而自豪。假設有匹馬十分得意地說「我很漂亮」，那倒還能忍受。但若是你得意地說「我有匹漂亮的馬」，要知道，你只是在自豪馬的優點而已。

那麼「你所擁有的東西」究竟是什麼呢？是「運用意象」。在運用意象時可維持在自然狀態，那你十分自豪也無妨。因為此時，你才是因為自己擁有的某項優點而自豪。

（《手冊》6）

自豪自己的財產或年收，實在錯得離譜

我們往往會對「不是自己的東西」感到自豪。

在泡沫經濟的時代，「開著帥氣的車」似乎是年輕男子受異性歡迎的必備條件。但想當然爾，帥氣的是車，不是自己。

而在愛比克泰德的時代，帥氣的車則是「馬」。馬匹在古代是移動速度最快的交通工具，以現代觀點來看就相當於汽車。所以得到一匹鬃毛滑順又漂亮的馬會讓人十分欣喜，不禁感到十分自豪，這樣的心理從古至今從未改變。

所以愛比克泰德也留下了「若是你得意地說『我有匹漂亮的馬』，要知道，你只是在自豪馬的優點而已」，告訴大家漂亮的是「馬」，**千萬不可誤以為是擁有的「自己」**。

這並非僅限於交通工具。在市中心的一級地段擁有豪宅、名牌服裝或皮包、擁有美人妻子或有出息的兒女——我們總是認為地位或資產等，「擁有優越的東西」能決定所有者的價值。

因此我們相信，擁有的項目合計越多，越能過得幸福美滿。而能實現這一切的「年收數字」，更是超越職種或工作內容代表了一切。

愛比克泰德一如往常，對這樣的世間常識提出異議。他認為，就算自己擁有的東西價值再高，那也**並非所有者自己的優點**。

那麼在真正的意義上，「我所擁有的」優點為何？那必須是無法跟自己分離、不會失去的東西、構成我個人模樣一部分的東西。

既然不是所有物，那會是家世、學歷、容貌、健康嗎？或是名譽、功勳、親朋好友、知識經驗、人格或德性等條件呢？

愛比克泰德的回答超越了這些各種個人條件，意外只聚焦於**「正確運用意象」的能力**。

所謂正確運用意象，是指**判斷自己的心或意識的活動是否恰當**，也就是前一則中也有提到的「不陷入自我欺騙」。

自己的觀點是否帶有先入之見或偏見、是否有適當壓抑欲望等，這樣的心智活動才是自己能左右的**唯一最後據點**。

想要炫耀、自負某些東西的人，大多都只是對自己以外的東西感到自豪。但其實自己所能自豪的，只有能將「心智活動」維持在適當狀態的時候而已。

第 23 話「開始關注自己內心的話……」

嗯……我想用更多時間關注自己的內心。
其實……在遇到愛比先生前，我的心一直很沉重。
時而沮喪，時而不安……
但是，開始關注自己的內心後，感覺心也慢慢變輕了，
比較不會為多餘的事情苦惱。
跟我沒有關係！
我希望能
一直體會這種喜悅。
愛比先生~你是不是覺得很感動……咦？
鼾—鼾—
欸~欸~

所有關注，
都應該要放在自己的內心上。

在身體上花費許多時間是愚蠢的證據。舉例來說，像是花長時間鍛鍊身體、飲食，或是把時間耗費在排泄或性交上等，這些事反而應該在短暫的空閒時間內結束。所有的關注，都應該要放在自己的內心上（在想什麼）。

（《手冊》41）

快樂短暫即可，好好關注自己的內心

跟其他動物一樣，飲食、性交是人類最基本的欲望，同時也是快樂的泉源。

「快樂主義（Hedonism）」認為，這種快樂即是幸福生活的本質，在任何文化圈都普遍可見，是樸素又強大的思想。但反快樂主義也根深蒂固的認為「這種快樂主義毫無品味，不是只有快樂就好」。

首先，毫無限制地享受美食會導致身體出毛病。不斷追求快樂，最後得到的是痛苦，這就是快樂主義的悖論。

就像第一口香醇無比的美酒，在喝多後就變得沒那麼好喝一樣，再怎麼快樂、再怎麼美味的東西，本身都有其限度。

人們不斷地尋求新奇感，因過度追求美味而從山珍海味吃到野味，享受性愛到逐漸變成低俗、倒錯的獵奇喜好等，這類例子不分東西方皆可見。

古希臘羅馬的伊比鳩魯學派（Epicureanism），與後世的名稱「Epicurean（享樂主義者、美食主義者）」相反，實踐不喝酒只喝水、不塗奶油只吃純麵包的樸實生活，以遠離世間名聲的「隱居生活」為理想。

主要是因為害怕若失去原本充裕的快樂，將會一瞬間轉變為痛苦。相信各位都能了解從涼爽舒適的冷氣房到炎熱戶外的痛苦，如果過慣了奢侈生活而變得挑嘴，便無法滿足於普通食物。

因此不積極追求快樂，而是避免多餘的痛苦，便能夠盡量度過舒適的一生——伊比鳩魯學派的快樂主義不如可說是「無痛苦主義」，而且是藉由極為樸實無華的生活來實現。

相較之下，斯多葛學派則是「禁慾主義」的代表。

不過，愛比克泰德並非將所有的快樂一律視為壞事或敵人，而僅是訓誡「不可花長時間」在這些快樂上。

玩遊戲、聽音樂等各種活動會產生「快樂」，而一時產生的「快樂」又會促進該活動發展，吸引當事人的關注。所以我們才會說：「正因為喜歡才會積極學習，快速進步」。

我們自然會花許多時間在喜歡的事上，並對其越來越嫻熟。不論是誰，一旦開始做喜歡的事或令人開心的事，就會不禁「沉迷」，難以自拔。

肉體上的快樂亦同，不知不覺就會喝太多、吃太飽。

有趣的是，愛比克泰德也將「鍛鍊身體」舉為快樂的例子。如「跑者的愉悅感（runner's high）」般，多少伴隨著痛苦的運動，一旦變得興奮，有時就會「跑過頭」，原本有如「解藥」般的健康活動反而會傷害身體。

該如何處理身邊的快樂，可說是邁向幸福生活的重要關鍵。

因此，愛比克泰德認為，**因肉體的快樂而妨礙我們合理判斷為問題所在**，並規勸人們僅花短時間享受這些快樂，用更多時間關注自己的內心活動。

我們平常大多不會反省自己的判斷是否正確、自己到底想要什麼、這樣的欲望是否妥當，一次又一次縱容自身的欲望也是實情。

走在人群中總是盯著手機螢幕的人們，看起來彷彿靈魂被吸走一般。即便這般方便的機器如此普及，懂得適當使用的人卻十分有限。因虛擬的匿名人際關係而苦惱、被無關緊要的「資訊」牽著鼻子走等，現代人獲得了「可花長時間」享受眼前快樂的工具，卻也因此背負了新的煩惱。

或許現在正是細細品味愛比克泰德話語的時候。

第24話「博學多聞的澤尼姆斯」

如果你想要像澤尼姆斯一樣被認為博學多聞，
你就必須時常目光向「外」，以便獲得許多知識。
是……
但你有說過你想進步。
是的……
既然如此，你就必須時常目光向「內」吧？
啊……
心智成長，才是人類真正的成長。
×
知識
○
千萬不可忘記這件事。

被認為是無知或愚蠢時，反而要滿足。

若你期望進步，當被認為是無知或愚蠢，反而要滿足於此，千萬不可希望被眾人認為是熟悉這方面的人。就算有人認為你很優秀，也不可相信那樣的自己。

希望各位要先明白，在維持自身意志處於自然狀態的同時，還要關注外在的事物實屬不易。不如說，只要將注意力放在其中一邊，就不得不疏忽另外一邊。

（《手冊》13）

「想被稱讚很聰明」的欲望使人盲目

愛比克泰德的《手冊》中不斷出現「進步」一詞，這是在愛比克泰德私塾中的學習目標，意指在知性、德性上人格的成熟。這一章想必是針對剛入私塾之新生的訓誡。

不過，這是間奇妙的私塾。若是一般學校，不論是學習何種學科，學生都是藉由吸收各種知識慢慢變得聰明，同時也必須向周圍的人表示「自己有好好學習」。接著接受測驗，由教師給出分數，達到一定水準就算合格，並可取得學分。取得規定的學分後即滿足條件，可以畢業或結束課程。

但在愛比克泰德的私塾，先不論學習過程，一開始就否定了「取得優秀成績，被眾人認為博學多聞」的結果。

或許連表彰成績優秀者都是不可能的事。正確來說，愛比克泰德甚至將「希望被眾人認為博學多聞」的欲望視為邪念而認為必須捨棄。

俗話說「大智若愚」，為了成為真正有智慧的人，即使被認為愚蠢也無所謂，不需要在意。愛比克泰德表示，反而是**「想被人覺得很聰明」的欲望才會使人盲目**。

在現代社會，為了知道許多事情就必須取得各式各樣的資訊。比方說，看過熱門電視劇或電影比較好，關注一下時尚或美食界的動向好像也不錯。

然而，越是想知道所有事，就越無法仔細思考每個新聞或事件。

獲得資訊當然有助於我們做出判斷，但就像人會有錯覺或聽錯一樣，也有許多資訊是「乍看之下是這樣，實際上並非如此」。為了不受到「外表」矇騙，就要先對眼前的東西存疑，仔細思考後再做判斷，我們必須有此慎重的態度。**若只將注意力放在外界發生的事，終究會疏忽反省自己的內心**，於是便無法做出上述的判斷。

一個人真正的成長，並非不斷地增加知識，而是藉由自我反省才能實現——希望大家都能記住愛比克泰德的忠告。

第 25 話「解放的通知終於來了」

某座森林裡有隻會襲擊人類的猛獸。
一個男人遇到了那隻猛獸，
他害怕得不斷發抖。
但是他仍勇敢面對那隻猛獸，
於是猛獸便逃跑了。
他在那時候才知道，
原來自己心中有能對抗猛獸的莫大勇氣。
如果他沒有遇到那隻猛獸，
他會發現這件事嗎？
遇到困難，正是能重新審視自己能力的機會。

為了應付難題，
找出你所擁有的能力。

不管遇到何種狀況，請回想過去的經驗。為了應付難題，找出你所擁有的能力。

看見俊男美女之時，會找到自己對於他們的自制力；必須背負重擔之時，會找到自己的耐性；被辱罵之時，會找到自己的堅毅。當你養成這樣的習慣後，就不會被意象綁架。

（《手冊》10）

困難才能使人成長

愛比克泰德的話語，大多是針對被迫付出辛勞、被痛罵等，處於不合理痛苦狀態的人們。這種教訓或激勵使處在相同環境的人們有共鳴，因此長久以來受到眾人愛讀。

同時，他的話語也因自身以「奴隸」身分度過人生前半段的經驗而十分有份量。**身為奴隸，該如何在真正意義上活得比自由人還自由——他的課題始終圍繞在這一點上。**

雖然現代社會已無奴隸制度，但人們依舊要面對許多難題。如新進職員必須逐一記住新的工作、管理職員每天都必須下重要決斷，若是打工人員，有位愛使喚人的老闆就是道「難題」。

曾是奴隸的愛比克泰德表示，被迫從事辛苦的工作時，便能發現自己擁有「耐性」這個優點。

但千萬不可誤解，他在這裡並不是說「要不斷忍受不合理的對待」，並非教導我們要一味忍耐，那樣只會變得卑微。他說的「耐性」是指**不被一時的情緒影響，能冷靜接受現實狀況的理性能力**。

不論學業還是工作，都很少有一帆風順的狀況。長久下來，也一定會像運動選手一樣陷於瓶頸。如果一直受困在情緒中，也不會有解決之道。**純粹地接受遇到的困難，並檢視自己能怎麼做**——這就是「為了應付難題，找出你所擁有的能力」。

話雖如此，這樣的心理轉換並非一朝一夕就能做到，所以愛比克泰德指出「習慣」的重要性。「冷靜接受現實狀況」說起來很容易，對容易被情緒影響的人來說，卻非能馬上做到的事。因此，**在日常生活中就要養成像旁觀者般，觀察自己情緒的習慣。**

像是對自己說：「我現在有點亂了陣腳，先鎮定下來吧」，每天反覆進行自我修正，便能成為日後度過難關的力量。

第 26 話「如果快要離開這個世間」

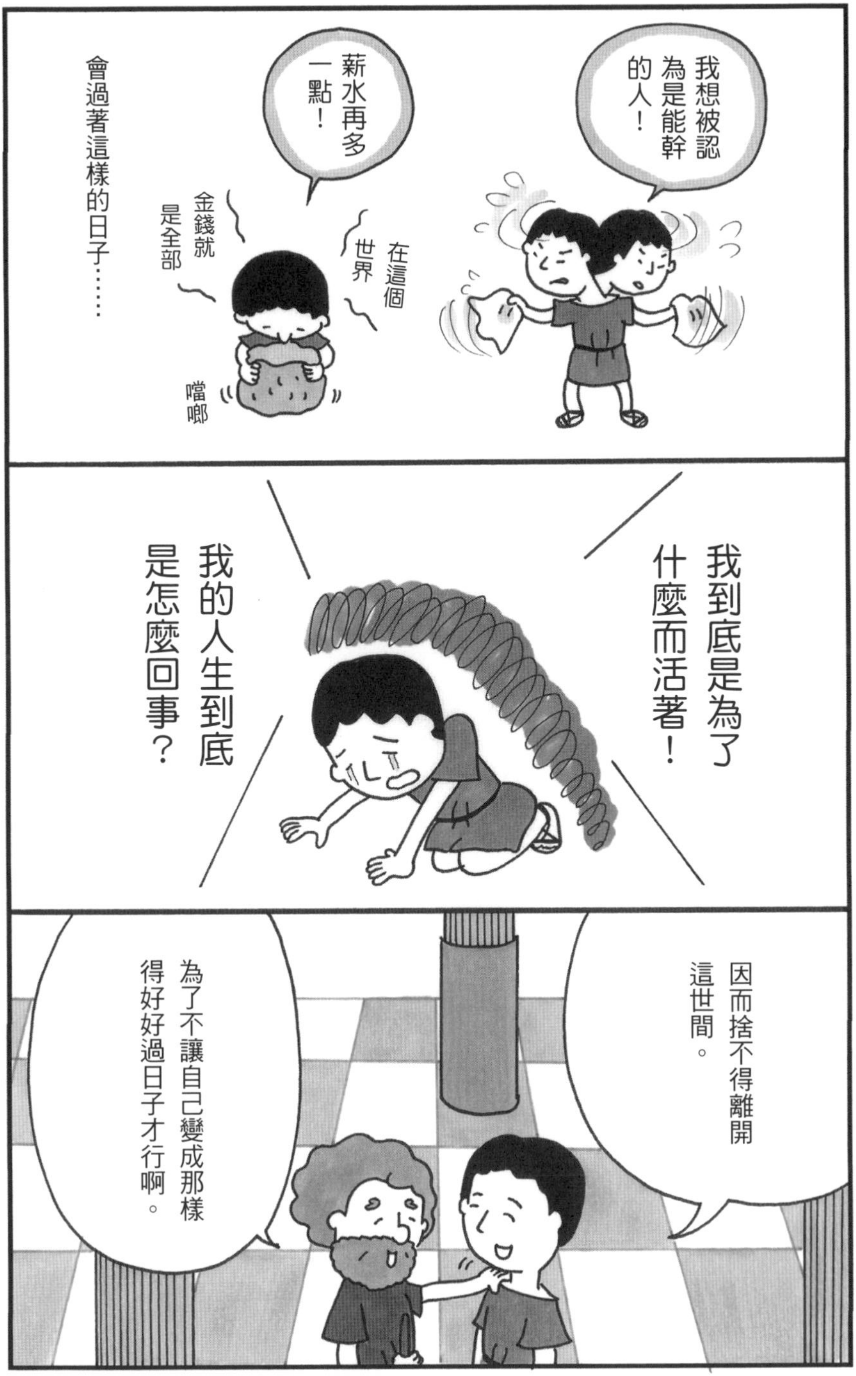
我想被認為是能幹的人！
在這個世界
金錢就是全部
薪水再多一點！
噹啷
會過著這樣的日子……
我到底是為了什麼而活著！
我的人生到底是怎麼回事？
因而捨不得離開這世間。
為了不讓自己變成那樣得好好過日子才行啊。

將覺得「可怕」的事，
每天都放在眼前即可。

將死亡、流放或其他你覺得「可怕」的事，每天都放在眼前即可，尤其是死亡。如此一來，你就不會去想鄙俗的事，也不會產生過多欲望。

（《手冊》21）

將「死」擺在眼前

有句知名格言為「勿忘人終將一死（memento mori）」。羅馬時代的文人們，有將骷髏擺在書桌上的習慣，也有不少西洋畫畫出了該情景。即使再討厭，為了能自覺到「自己總有一天會變成這樣」，所以將這種令人不舒服的東西擺在眼前，每天盯著它看。

總有一天會死亡——我們無法迴避這件事，也無法確切得知何時來臨。只要身而為人，**死亡便是「我們無法掌控的事物」**。

在埃及及中國，「不老不死」自古以來就是王公貴族們永遠的夢想，至今沒有人能實現。即使現代醫療十分進步，也只能將死期稍微往後延。

更何況在討論克服死亡之前，我們也無法體驗「自己的死亡」，與此相應，當然也無法體驗「自己的誕生」。我們的確擁有特定的出生年月日，但那也並非直接體驗，僅是從他人（父母或醫院相關人員）

口中聽聞。

若以電影來比喻，就像是開始播放後才進入電影院，並在結束前一刻就踏出影廳。明明是自己的一生，卻無法得知開始與結束的實際情形。

因此，我們會藉由自己生養孩子來推測自己的出生情形，或是透過為父母送終想像自己的臨終情形。也就是說，透過親近的家人或他人，來學習自己的「誕生」及「死亡」。

只要我們無法體驗自己的死亡，對我們而言，死亡就永遠只是一種「可能性」。因此伊比鳩魯學派的哲學家解釋：「死亡絕不可怕，因為我們活著時死亡尚未到來，而死亡時我們已經不在」。

若自己的死亡只是種可能性，便意味著死亡只能是種想像。

所以如何思考、接受自己的死亡，端看自己目前身處的狀況，死亡可能會讓我們恐懼，也可能是讓我們安息或憧憬的對象。

死亡並非自己所能左右，但至少我們可以決定如何看待自己的死亡、控制自己對死亡的態度。

只要一想到自己總有一天會死亡、消失，就不會一直被欲望牽著鼻子走——這便是愛比克泰德在本章強調的重點。一想到死亡，便能了解為了得到地位、名譽或財產等而虛擲人生是多麼無謂的事。

真正的幸福為何？

自己想在人生中貫徹的信念為何？

將死亡擺在眼前，我們就能看見重要的事。

雖然是很理所當然的事，但究竟有多少人能真正意識到這件事呢？

不過，面對死亡的態度並不是能立即做到的事。

任何人都會在下意識中不去思考不想面對的事，這是心理上的壓抑作用。正因如此，愛比克泰德教導我們，要養成習慣，在日常生活中去思考像死亡這般可怕的事。

但話又說回來，有些人也可能會因為開始思考死亡而覺得「反正都會死」，結果自暴自棄，偏離至享受瞬間的快樂。

即便如此，如死於戰爭中之學生的雜記《聽，海神之聲》（暫譯，きけ わだつみのこえ），或是戰後電影名作《生之慾》（生きる），因強烈意識到自己的死亡，而發覺自己的使命、喚起良心、質疑活著的意義等事例也不少。

若要問何者才是幸福的生活方式，相信許多人都會選擇後者吧。

最終話「再見了，愛比先生」

喂～
要走囉～
等我一下！
愛比先生……
今天真的要跟你道別了……
是啊。
如果我沒有被主人買回來，
愛比先生沒有被原本的主人賣掉，
然後主人沒有把愛比先生買回來……
我就不會像這樣遇見愛比先生了。
嗯……
尼烏斯啊
你現在在這裡，然後老夫現在在這裡，
都是基於神的旨意。
咦？

聽好了——
不管你生於什麼樣的國家，
擁有什麼樣的身體，
擁有什麼樣的父母或手足，
然後處於何種
環境或立場，
都是由神決定。
但是神的工作
也僅止於此，
之後就是我們
的工作了。
因為在神所賜
予的舞台上，
該怎麼活下去
是「由我們所
掌控」。
說的也是呢。
尼烏斯，
就讓神看看，
我們勇敢活著
的樣子。
是！
再見了，
愛比先生。
還有……
謝謝你，
愛比先生。

記住，你是戲劇中的演員。

記住，你是戲劇中的演員。照著劇作家的要求，短篇就演短劇，長篇就演長劇。若作家要你演乞丐的角色，就算是這種小配角，你也要演得十分自然，腳不方便的人、君主、庶民也一樣。你的工作，就是演好得到的角色，至於要將角色分配給誰，則是別人的工作。

（《手冊》17）

若你想扮演自己能力以上的重要角色，你將會在該角色上顏面掃地，同時也會疏忽你更能勝任的角色。

（《手冊》37）

就算只能是配角，也要盡全力活下去

希臘羅馬的古典戲劇中，在圓形的舞台※1（Orchestra）上，會有十二～十五人的歌舞團（Choros）登場。歌舞團會分成兩邊交互唱歌、跳舞，中間則有三個戴面具（Persona）※2、穿高跟鞋的演員，面對觀眾席唸出台詞。劇中穿插合唱，比起戲劇更接近歌劇或音樂劇。因規定只能有三名演員同時登台，若是登場人物較多的戲劇，一般則由原本的演員依各場景更換面具，再次登台分別飾演不同的角色。

在實際的人生中，或許在我們身為「獨立的人格」之外，也是依當下的場景或狀況扮演著各種角色。到公司或學校，我們依組織中的職位或角色執行工作；回到家中，則以父母、丈夫或妻子、兒子或女兒的身分行動；到了假日，則與好友們相聚，展現跟平常不同的樣貌。

服裝也同樣會依當下的場景改變，可能是學校制服、西裝領帶、休閒服或盛裝打扮等。也就是說，不管是否有意識到，我們會依穿著的服裝向周圍展示自己扮演的角色，這也是與舞台服裝最大的差別。

愛比克泰德直白地說：「**你就是戲劇中的演員**」。

但並非「每個人都是主角」。他表示，即使自己被分配到小配角或反派角色也欣然接受，正確理解導演及劇場總監的創作意圖，再依各場景演好該角色直到劇終，這一點非常重要。

就算是排擠他人也要主動爭取主角，或是對自己被分配到的角色感到不滿都是不對的。我們必須搞清楚自己身處的狀況，並理解被分配到什麼角色，被要求要做出何種表現。愛比克泰德本身的腳並不方便，但他卻將自己的肢體障礙視為必須演出的角色特性，態度可說是消極，但也能說是積極得驚人。

我們不一定能成為自己想成為的人。出生地點、包括遺傳在內受到的父母影響、成長環境或文化等，在各種條件加乘下才有了現在的自己。

若有演員無視舞台背景隨意演出，當然會被貶為三流演員。同樣地，若毫不顧慮自己的處境行動，必定會產生不合理或扭曲之處。

雖說是演員，劇本上當然也不會寫著所有的一舉一動，尤其是唯有心智活動不受任何束縛。

※註 1：古希臘劇場的圓形舞台，現今多指管弦樂團。
※註 2：古希臘時期戲劇演員表演時戴的面具，延伸為角色的身分代稱。

在人生＝舞台的制約中，能靠自己力量改變的東西為何？反過來說，必須接受的東西為何？正確地看清兩者間的界線，就是在真正意義上的活出自己。

尾聲

我被解放一年後——
澤尼姆斯借了主人宅邸的一個角落做生意。
我有不錯的油喔~
生意好像做得很順利，
賺了不少
賺了不少
現在會跟主人一同外出執行公務，
還被邀請參加宴會做為獎勵，
實在很有澤尼姆斯的風格。
呵呵呵

至於愛比先生，
在我被解放後，
似乎換了職務……
你的監視工作
就到今天為止。
聽說好像是因為
愛比先生對主人
說的話。
可以
稍微占用一
下時間嗎？
主人總是很在
意奴隸有沒有
偷懶。
你、
你說什麼
但……
有道理
這樣的主人，
是不是反而變成
被奴隸們束縛的
奴隸呢？
因此，愛比先生新的職務，
就是主人的諮詢員。
我能成為執
政官嗎？
那是神決定
的事。
實在很有
愛比先生的風格。
噗嗤

至於我呢……
目前住在集合住宅
（Insula）的頂樓。
狹窄
有安全上的問題
但租金便宜
在主人的庇護下，
生活還過得去。
庇護者
伺候、服侍
經濟支援
被庇護者
所以我每天早上都到
主人那邊去打招呼，
雜沓
人群
回家時
偶爾會看到
愛比先生。
愛比先生
告訴了我很多事——
我對於自己能夠左右的
事會全力以赴，
但無法左右的事
就會放手。

每次聽到愛比先生的話，我都會感到疑惑，
？
咦？什麼意思？
想法被顛覆
嗯～是也可以這樣說啦……
發現自己的錯誤，
原來是這樣……
然後悔恨不已。
原來我會一直煩惱都是自己害的啊～
就算是現在，我的心中有時也會出現暴風雨。
但是我絕不認輸
不停留，也不被捲走
能夠朝著正確的方向邁進——

因為該怎麼想，該怎麼活下去——
好了，要開始囉。
尼烏斯老師～
今天要跟我們說什麼啊？
都操之在己。
我現在——
正好好過著我自己的人生。
你們雖然是奴隸，
但也是自由人。
咦？
為什麼？

fin.
人生課程
人生課程

後記

在一九八〇年代後，斯多葛學派的哲學思想逐漸受到關注，近年來，特別是英語圈，不僅是進階的研究書籍，亦相繼發行加入各種巧思、針對一般讀者的入門書。

因少子、高齡化與通訊技術的急遽發展，以及全球化的浪潮，現今的日本、整個世界都正急速變化中，「該如何活在逐漸成熟的社會中」更是每個人切身的問題。

愛比克泰德所留下的話語中，充滿了面對這類課題的寶貴提示與洞見，而且不是有如延伸常識般的通俗人生教訓，都是出人意表的言論。

畢竟年代久遠，有些例子以現代人的角度來看不易理解。為此，本書中加入了漫畫及簡單的解說幫助讀者理解，剛開始會讓人感到疑惑或想反駁的各種言論，只要套入我們自己的生活中仔細思考品味，便能促進思想的轉換，以富有彈性的觀點看待事物——這就是本書的目的。

不受個人視角所困，而是從各個方向觀察事物，試著選出看得最清楚的角度；將日常生活中各方面的欲望，限縮在真正重要的事物上，捨棄除此之外的多餘渴望；對於無法避免的人際關係，不要妥協或隨波逐流，而是改採真正圓滑的應對——針對這類課題，本書沒有正面解讀斯多葛學派哲學的「基本概念」，而是試著透過深入探討愛比克泰德所舉的事例來引導。

本書是我先從愛比克泰德的《手冊》挑選幾篇文章譯出，再撰寫解說，但還是顯得艱澀，因此再由寫手齊藤哲也先生以我的文章為基礎，針對一般讀者，穿插我們身邊的事例，寫得更加淺顯易懂。接著再由 Kaori & Yukari 兩位老師創作趣味性的漫畫，進一步幫助讀者們理解。

近年來，市面上也有幾本介紹斯多葛學派人生論的書，但直接使用格言集《手冊》的文章並搭配漫畫表現，也就是軟硬兼用的書籍，我想，在日本國內外都是首度嘗試。

本書所載愛比克泰德《手冊》的文章，皆是以現在可購得的最佳校訂本 G. Boter ed., *Epictetus Encheiridion*, Berlin, 2007 為原文重新譯出。本次採用最新的文獻學成果，並以正確且容易閱讀為目標，與以往的鹿野譯本（岩波文庫、中公クラシックス版本）相較之下，不僅是譯文，連斷句與內容也多少有些差異的原因便是在此。

書末有完整介紹譯本一覽表，讀者可邊讀這些書，邊試著依自己的方式來思考。衷心期望本書能幫助各位讀者「好好活著」，並深入地、開心地思考真正重要的事。

最後，本次從開始企劃到發行，都蒙受日本鑽石社編輯部畑下裕貴先生的照顧。他不斷反復考量書寫材料的取捨及整體架構，並巧妙整合了研究者＋寫手＋作家（漫畫負責人）的混合團隊。

荻野弘之

推薦書單——進階認識愛比克泰德

若想直接閱讀愛比克泰德

●《エピクテートス 人生談義（上下）》〔愛比克泰德人生相談（上下）（暫譯）〕鹿野治助譯，岩波文庫，一九五八年。中完整收錄《語錄》、《手冊》及《片段》的譯文。

此外，收錄同位譯者摘錄的

●《エピクテトス 語録 要録》〔愛比克泰德語錄文摘（暫譯）〕鹿野治助譯，中公クラシックス，中央公論新社，二〇一七年。也十分簡便。不過對年輕讀者來說，可能會覺得譯文有些古典感。

●《エピクテートス 語録》〔愛比克泰德語錄（暫譯）〕斎藤忍随譯、《世界人生論全集3》筑摩書房，一九六四年。

比較老舊且不易購得，建議前往圖書館尋找。內容同樣也是發人深省的摘錄文章。

英譯方面，則以伊莉莎白·卡特（Elizabeth Carter）的譯本（一七五八年），以及清澤滿之也曾讀過的喬治・朗（George Long）的譯本（一八六二年）最為知名，但近代較推薦以下兩本。其中塞登（Seddon）譯本的註解也十分優異。

●**Robin Hard and Christopher Gill, *Epictetus, Discourses, Fragments, Handbook*, Oxford World's Classics, 2014.**

●**Keith Seddon, *Epictetus' Handbook and the Tablet of Cebes, Guides to Stoic Living*, Routledge, 2005.**

希臘語的原始版本以

●**Gerard Boter ed., *Epictetus Encheiridion*, Bibliotheca Teubneriana, Walter de Gruyter, Berlin, 2007.** 為文獻學上較嚴謹的最新校訂本，本書也是以此版本為原文譯出。但對一般讀者來說，較容易購得的洛布古典叢書（The Loeb Classical Library）英語對照版本比較方便吧。

●**W. A. Oldfather ed., *Epictetus: The Discourses, Fragments, Encheiridion*, 2 vols, Loeb Classical Library, Harvard U.P., 1925/28**

此外，關於愛比克泰德的生涯與著作，以及其受到接納與批判的歷史在下列拙作中（特別是第三章、第四章）有詳加敘述。

●荻野弘之《マルクス・アウレリウス『自省録』——精神の城塞》〔馬可・奧理略「自省錄」精神的城塞（暫譯）〕岩波書店，二〇〇九年。自拙作書末介紹的文獻以後，近期文獻則有以下三本。

●《善用悲觀的力量》（***A Guide to the Good Life***）威廉・歐文（**William B. Irvine**），漫遊者文化，二〇一八年。

●《別因渴望你沒有的，糟蹋了你已經擁有的》（***How to Be a Stoic***）馬西莫・皮戈里奇（**Massimo Pigliucci**），商周出版，二〇一八年。

●國方栄二《ギリシア・ローマ ストア派の哲人たち》〔希臘・羅馬斯多葛派的哲學家們（暫譯）〕中央公論新社，二〇一九年。

《手冊》原文翻譯彙整

※僅摘錄重要章節，亦有本書內文未引用之章節。

《手冊》1

原文翻譯	引用頁碼
所有事物可分為「我們所能掌控的事物」與「我們無法掌控的事物」兩者。判斷、意願、欲望與迴避等，大致上受我們（心智）影響者便屬於「我們所能掌控」；但自己的身體、財產，或是他人的批評、地位、官職等，大致上不受我們影響者即是「我們無法掌控」。「我們所能掌控的事物」本質上十分自由，不受任何阻礙或他人妨礙；但「我們無法掌控的事物」則十分脆弱，是被支配、容易被阻礙，不屬於自己的東西。 因此，要先記好下列事項。如果你將本質上是被支配的東西，視為自己可自由控制的東西；將不屬於自己的東西，視為屬於自己的東西，你就會受他人妨礙，感到悲傷、不安，並譴責眾神與自己周遭的人們。相反地，如果你只將「屬於你的東西」視為你所擁有的；將不屬於你的東西，依照事實正確視為「不是你的東西」，就不會受任何人迫，也不會有任何人妨礙你。所以你也絕不會譴責、指責任何人，不會心不甘情不願從事任何事，也不會樹敵。因為不會有任何人陷害你，你也不會遭受危害。 若你有努力實踐這些重要的事，請再好好記住下列事項。改掉以往半吊子的生活態度，必須完全放棄某件事，暫時延期另一件事。若想得到重要的東西，卻又想同	36

時獲得官職或財富，結果便是魚與熊掌不可兼得，絕對無法得到帶來自由或幸福的東西。

接著不論為何，若你遇到「令人心煩意亂的意象」，應練習能立即對自己說：「你只是個意象，表象與實際完全不同」。然後使用你自己的標準，去衡量、調查最重要的事——該意象究竟是「我們所能掌控的事物」還是「我們無法掌控的事物」。若跟「我們無法掌控的事物」有關，則心中應自有答案：「對我而言無關緊要」。

記住，渴求為的是得到你所想要的東西，迴避為的是避開你不想遇見的東西。心有所求卻得不到東西的人際遇不佳，迴避卻仍遇上的人是不幸的。

如果屬於「你所能掌控的事物」範圍內，只避開「不自然的事物」，你不會遇見任何你想避開的東西。但若想避開生病、死亡或貧困，你就會變得不幸吧。

因此將所有「我們無法掌控的事物」排除在迴避對象之外，試著替換為「我們所能掌控的事物」中「不自然的事物」吧。

不過，你暫時先完全捨棄渴求即可。因為若你渴求「我們無法掌控的事物」，總是不得不變得際遇不佳；而「我們所能掌控的事物」之中，你正渴求的對象還不在你手邊。

《手冊》3	記住，如果有吸引你，或是能幫助你、讓你珍惜的東西，反而要開口說出那個東西的本質，且從微不足道的東西開始即可。 如果你很喜歡某個 Xútpa（用來煮水的陶壺）的話，就試著說「我喜歡 Xútpa 壺」。只要這麼做，當這個壺壞掉時你也不會心煩、難過。如果你要親吻妻子，就試著說「我正在親吻凡人」。如此一來，當妻子過世時你也不會心煩意亂吧。	103
《手冊》5a	會讓人不安的不是事情（pragmata）本身，而是對這件事的想法（dogmata）。比方說，死亡絕對不可怕，不然蘇格拉底也會這麼想。不如說我們對死亡的想法——「死亡好可怕」——才是恐懼的真面目。 所以我們受到阻礙、感到不安或悲傷時，絕對不可責備他人。不如責備我們自己，也就是責備我們自己的「想法」。	83
《手冊》5b	自己變得不幸時，責備發生原因的他人，是沒教養之人做的事；責備自己，是剛開始受教意之人做的事；不責備他人也不責備自己，是有教養的人做的事。	163

《手冊》6	不論是什麼東西，都不可因他人的長處而自豪。假設有匹馬十分得意地說「我很漂亮」，那倒還能忍受。但若是你得意地說「我有匹漂亮的馬」，要知道你只是在自豪馬的優點而已。 那麼「你所擁有的東西」究竟是什麼呢？是「運用意象」。在運用意象時可維持在自然狀態，那你十分自豪也無妨。因為此時，你才是因為自己擁有的某項優點而自豪。	177
《手冊》8	不可期望事情能如你所願般地發生，不如期望事情要順其自然發生。如此一來，你就能過著安穩又幸福的生活。	59
《手冊》9	疾病會妨礙身體，但不會妨礙意志，只要意志沒有如此期望。肢體障礙會妨礙雙腳，但不會妨礙意志。 當你遇到任何事情時，對自己這麼說即可。因為那些困難雖然會妨礙其他的事，但你會了解它不會妨礙你自己。	73
《手冊》10	不管遇到何種狀況，請回想過去的經驗。為了應付難題，找出你所擁有的能力。 看見俊男美女之時，會找到自己對於他們的自制力；必須背負重擔之時，會找到自己的耐性；被辱罵之時，會找到自己的堅毅。當你養成這樣的習慣後，你就不會被意象綁架。	197

《手冊》11

不論發生什麼事，絕不要說「我失去了它」，反倒要說「我還回去了」。

你的孩子過世了嗎？那是被拿回去了。

你的妻子過世了嗎？那是被拿回去了。

我的地被人搶走了。不對，那也是被拿回去了。

搶奪的傢伙是壞人，但賜予我們的祂（神）要透過誰向你要回去，跟你沒有關係。

只要你仍受到賜予，你的確可以加以珍惜。但必須視其為他人之物，猶如旅人對待旅舍一般。

109

《手冊》12

如果你期望（在知性、德性方面）進步，就拋棄「如果我疏忽了自己的東西（財產），資產就會慢慢變少」「如果不好好調教奴隸，他們就會變得沒用」等多餘的擔心。因為在沒有痛苦與恐懼的狀態下餓死，比在富足下不斷苦惱地活著還好一些。而且奴隸沒有用（Kakóv），比你自己不幸（Cacodemon）還好一些。

接著從微不足道的事情開始。不小心撒出了一點油，酒被人偷了一點點，這種時候不如對自己說：「不動搖的精神能賣這樣的價格，平靜能賣這樣的價格，天下沒有白吃的午餐」。試著仔細想想這樣的可能性：不管你怎麼叫喚奴隸，他可能不會聽你的話，就算聽你的話也有可能不會做你期望的事。他本來就沒有優秀到能讓你不煩惱。

—

《手冊》13

若你期望進步，當被認為是無知或愚蠢，反而要滿足於此，千萬不可希望被眾人認為是熟悉這方面的人。就算有人認為你很優秀，也不可相信那樣的你自己。

希望各位要先明白，在維持你自身意志處於自然狀態的同時，還要關注外在的事物實屬不易。不如說，只要將注意力放在其中一邊，就不得不疏忽另外一邊。

191

《手冊》14

如果你期望你的孩子、妻子或朋友們能一直活著，那你就是笨蛋。因為你像是對自己能掌控的事物般期望「自己無法掌控的事物」，像是對自己的東西般期望「他人的東西」。

若期望自己的奴隸不要犯錯，你就是愚者。因為等於是期望不道德的事變成應遵循的規範。

但若是期望得到自己想要的東西，就有可能實現。也就是說，你所能做的事，就是努力實現這件事。

47

《手冊》15

記住，你的行動要跟參加宴會時一樣。

有道料理轉了一圈後到你身邊，有禮貌地伸手拿取自己的份即可。從你面前經過，不要挽留；遲遲不來，也不要從遠處拋擲欲望，在來到你身邊之前靜靜等待。

對於你的妻兒、官職、財產，也都這麼做即可。如此一來，總有一天你便有資格與眾神一同出席宴會。但若你連置於自己身旁的東西都不出手，視而不見的話，屆時你將不僅是與眾神一同的出席者，而是成為與眾神一同的支配者。

67

《手冊》16	看見有人說「我的孩子出遠門了」或「我失去了財產」而悲痛哭泣時，應思考「因外在的事物使他陷入不幸的狀態」，並注意不要被印象綁架。更要立即想到：「讓這個人痛苦的不是發生在他身上的事（因為沒有人在折磨他），不如說是他對這件事的想法在折磨他」。話雖如此，在合理的範圍內不要猶豫是否該陪著他，視情況也可跟他一起悲嘆，但要注意不要打從心底悲嘆。	—
《手冊》17	記住，你是戲劇中的演員。照著劇作家的要求，短篇就演短劇，長篇就演長劇。若作家要你演乞丐的角色，就算是這種小配角你也要演得十分自然，腳不方便的人、君主、庶民也一樣。你的工作，就是把得到的角色演好，至於要將角色分配給誰，則是別人的工作。	211
《手冊》18	烏鴉發出不祥的啼叫聲時，小心不要被印象綁架。不如立即在心中做好區分，對自己說： 「這些現象，任何一樣都不是在對我預告（糟糕的事態），頂多是對我貧弱的身軀、微薄的財產、無關緊要的批評，或是對（我的）孩子或妻子捎來預告而已。但對我本身而言，只要我有所期望，這些現象都預告了吉兆。因為端看我的意志，不論發生什麼事，我都能從中獲益。」	59

出處	內容	頁碼
《手冊》19	當你看到有名、有勢或備受好評的人，你必須注意不要被表象綁架，而誤以為那個人「很幸福」。因為既然良善的實質為「我們所能掌控的事物」，那就不會心生羨慕或嫉妒。你不會希望成為將軍、議員或總督，反而會希望成為自由人吧。通往自由的唯一路徑即是漠視「我們無法掌控的事物」。	33
《手冊》20	記住，真正侮辱你的，不是罵你，也不是打你的人，而是認為自己被侮辱的想法。你要知道，若有人惹你生氣，那正是你當時的判斷讓你感到氣憤。 因此，首先你必須努力不要被印象綁架。因為只要一次也好，若能有好好思考的時間與精力，克服自己就是輕而易舉的事。	91
《手冊》21	將死亡、流放或其他你會覺得「可怕」的事，每天都放在你眼前即可，尤其是死亡。如此一來，你就不會去想鄙俗的事，也不會產生過度的欲望。	203
《手冊》23	如果你過於期望受到某個人喜愛，目光持續朝外的事態只要有一次發生在你身上的話，你要知道你毀壞了自己的計劃。所以不論是在什麼情況，都要滿足於你實際上是哲學家的事實。但若你甚至期望被認同是哲學家，只要自己這麼認同就好，這樣就足夠了。	137

《手冊》25

在宴會交際或是商量事情上，有人比你受到更好的待遇。若那些對你而言是好事，你應該要很高興他能得到那些；但若那些實際上對你而言是壞事，就算你沒有得到也用不著生氣。記住，想得到「我們無法掌控的事物」，若不做跟他人同樣的事，就不可要求同樣的東西。

不論是誰，「沒到府上拜訪問候的人」與「有拜訪問候的人」「沒有陪同外出的人」與「有陪同外出的人」「待人冷漠的人」與「待人親切的人」，究竟為什麼能受到相同待遇呢？若想不支付代價，免費得到那些的話，你就是既不正當又貪心。

話說回來，萵苣是賣多少錢呢？大約是 1 奧波勒斯（obol coin）吧。既然如此，若有人付了 1 奧波勒斯拿取萵苣，你沒有付錢所以不可拿取，但也不可因此認為自己的份比拿取的人少。因為就像他手上拿著萵苣，你也持有沒支付的 1 奧波勒斯。

同樣的道理也可套用在實際生活中。某人舉辦的宴會，只有你沒受到邀請嗎？那是因為你沒有向主辦人支付食物的費用。主辦人是以獲得好感、關照為報酬而販售食物，如果你認為那樣很划算，支付相對應的代價即可。若你不願支付代價又想得到眷顧的話，你就是貪心的愚者。

話說回來，你認為自己沒有相當於食物的東西嗎？沒這回事，你不用討好自己不想稱讚的人，也不用忍受屋子入口處侍者的無禮對待，不是嗎？

《手冊》26

我們能從彼此都認同的事學習到自然意志。比方說，別人家的奴隸小孩不小心摔破酒杯時，你馬上就說「這種事很常見」。既然如此，你必須知道，當你的酒杯破掉時，就必須採取他人酒杯破掉時的態度。

那麼試著將這個原則，套用在更重大的事情上吧。聽到他人的孩子或是妻子過世，通常都會安慰道：「身而為人，這也是沒辦法的事」。然而不論是誰，在自己親人過世時便馬上說：「啊——我真悲慘」等。我們必須要想起，當我們聽到他人發生這樣的事時，我們是什麼樣的心情。

97

《手冊》30

何謂適切的行為，端看所有場合中彼此的關係而定。這個人是（你的）父親，所以（你）要照顧他，在任何事情上讓步，被罵、被打也會忍耐。

「他真是個糟糕的父親」。但你原本就是以單純的「父親」跟他有所連結，而不是以「好的父親」。

「我的兄弟有不正當行為」。那就確實守護好你對於兄弟的立場。不要關注他實際上做了什麼，不如將目光放在你必須怎麼做，才能讓你的意志處於自然狀態。

因為只要你不如此希望，他人就不會對你造成傷害。然而，當你認為「我受傷了」時，你才是真的受傷了。所以若你能夠熟稔於仔細觀察彼此的關係，從市民、鄰居、將軍，你都能找出適切的行為對待他們。

131

《手冊》32

請人占卜時，要記住下列事項。你不知道將來會發生什麼事，是為了請人告訴你才去找占卜師。但如果你是哲學家，在事情發生時，你應該已經很清楚那是什麼性質的事。也就是說，不管那是什麼事，只要不是「我們所能掌控的事物」，就理所當然沒有善惡之分。

所以，去找占卜師時不可帶有欲望或迴避的念頭，不然你會因為擔心而顫抖地接近占卜師。不如說，不管將來會發生什麼樣的事都屬於道德中性（adiaphora），對你而言無關緊要。你應該確實理解，「實際上自己有辦法能順利應對該事，也不會受到他人妨礙」，再去找占卜師。

接著，就像前去拜訪會給你建言的人一般，不帶恐懼地前往眾神之處即可。之後要記住，你被告知某些事時，你選擇誰做為建言者；若不聽話，究竟是不聽從誰的話。

—

《手冊》33 1、12~13節

現在你就可以先決定，在你獨處時、跟他人一起時，自己要保有何種人格、維持何種行為舉止。

【中略】

要跟某個特別受好評的人見面時，先試著想像「如果是蘇格拉底或芝諾，這種時候會怎麼做」。如此一來，你就不會煩惱該用何種方法克服困境。

要前往拜訪某位權貴人士時，先試著想像以下的狀況。

對方不在家（因為不在），所以你被趕了出去，大門在你面前重重關上，對方完全無視你。

123

	如果即使會遭到這般不愉快的對待，你還得去，那就去吧。忍受在那裡發生的事，絕對不要對自己說：「我從沒這麼辛苦過」。因為會說這種話的人都是十分庸俗的，會對自己外部事物憤慨的人。	
《手冊》34	當你對某件事抱持著關於快樂的印象，跟其他狀況相同，你必須好好檢視自己，不要被印象綁架。不妨讓那件「快樂的事」等你一下，給你自己一段猶豫期。 接著試著想像兩個時間，一個是你享受那個快樂的時間，另一個是享受後自我責備的時間。試著比較這兩個時間，你就能明白遠離快樂讓你有多高興，並且能稱揚自我。 即使你認為那是接觸那件「快樂的事」的絕佳機會，也務必要好好注意，不讓那份誘惑與魅力征服你。倒不如比較看看，你自己戰勝快樂的自覺有多麼甜美。	117
《手冊》35	當你認為「我必須要這麼做」而下定決心做一件事，絕對無法避免讓別人看到你實行。即使為數眾多的人（大眾）對這件事抱持著某些錯誤的判斷。 如果你不是因為正確而做，一開始就應避免這樣的行動。但實際上是正確的，為何要害怕嚷嚷著「你錯了」的人們呢？	53
《手冊》37	若你想對自己能力以上的重要角色，你將會在該角色上顏面掃地，同時也會疏忽你更能勝任的角色。	211

出處	內容	頁數
《手冊》41	在身體上花費許多時間是愚蠢的證據。舉例來說，花長時間鍛鍊身體、飲食，或是把時間耗費在排泄或性交上等，這些事反而應該在短暫的空閒時間內結束。所有的關注，都應該要放在自己的內心（在想什麼）。	183
《手冊》43	所有的事都有兩個握把（拿法），抓住一邊就能移動，抓住另一邊則否。如果你的手足有不正當行為，就不能抓住「有不正當行為」的那一邊（因為這種拿法無法移動）。不如抓住「他是我的兄弟」「一起長大的夥伴」的另一邊，這樣你就能將它拿起來移動。	157
《手冊》45	某個人洗澡很快，不可說「他洗澡的方式不好」，要說「他洗澡很快」；某個人喝很多酒，不可說「他喝酒的方式不好」，要說「他喝很多酒」。因為在你還無法確實判別當事人的想法時，你要從何知道那是否真的不好？只要能如此慎重，就不會發生自以為對某件事實掌握了可能的印象，卻對不同的情形（價值）表示的奇怪狀況。	143

《手冊》48

真正進步之人的證明——他不會譴責任何人；不會過度誇讚任何人；不會責備任何人；不會責問任何人。關於自己，絕不自詡為能者，也不誇耀自己所知。受到他人阻撓、妨礙時，則是責備自己（而不是對方）。

就算有人不斷稱讚他，他也會在心裡偷偷笑稱讚他的人。即使被人譴責也不找藉口。他就像剛康復不久的患者，直到完全恢復前，小心翼翼行動，慢慢地來回踱步。

對於欲望，全靠自己擊退；對於迴避，僅限於「我們所能掌控的事物」中不自然的事物。不論對任何事都不執著於「絕對」。即使被認為愚蠢或無知，也毫不在乎。簡而言之，他猶如暗中埋伏的敵人般監視著自己。

171

Note

Note

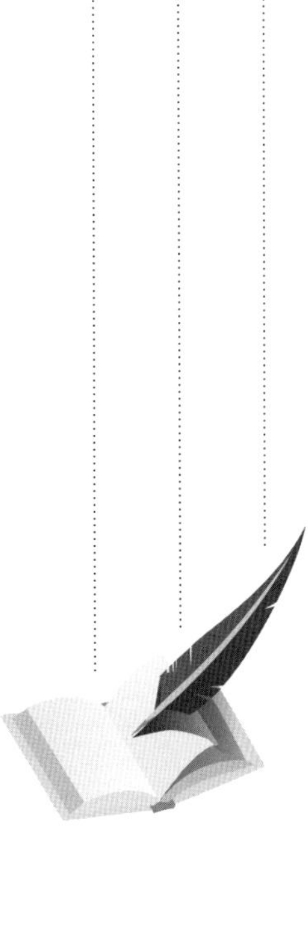

Note

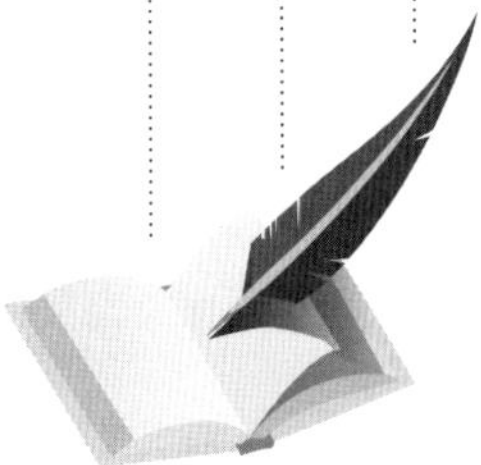

國家圖書館出版品預行編目(CIP)資料

奴隸哲學家的人生通識課：在處處受限的人生裡,活出自己的形狀/荻野弘之作；林俞萱譯. -- 初版. -- 新北市：智富出版有限公司, 2021.08
面； 公分. --（風向；112）
譯自：奴隷の哲　者エピクテトス人生の授業：この生きづらい世の中で「よく生きる」ために
ISBN 978-986-99133-8-6（平裝）
1.古希臘哲學　2.人生哲學
141.61　　110009172

風向 112

奴隸哲學家的人生通識課：在處處受限的人生裡，活出自己的形狀

作　　者／荻野弘之
繪　　者／KAORI & YUKARI
譯　　者／林俞萱
主　　編／楊鈺儀
責任編輯／陳怡君
封面設計／林芷伊
出 版 者／智富出版有限公司
負 責 人／簡玉珊
地　　址／(231)新北市新店區民生路19號5樓
電　　話／(02)2218-3277
傳　　真／(02)2218-3239（訂書專線）
劃撥帳號／19816716
戶　　名／智富出版有限公司　單次郵購總金額未滿500元（含），請加60元掛號費
酷 書 網／www.coolbooks.com.tw
排版製版／辰皓國際出版製作有限公司
印　　刷／傳興彩色印刷有限公司
初版一刷／2021年8月

ISBN／978-986-99133-8-6
定　　價／330元

DORE I NO TETSUGAKUSHA EPICTETUS JINSEI NO JUGYO
by Hiroyuki Ogino, Manga by Kaori and Yukari